○ 江西省文物考古研究院 编著

吉简吉美

JI JIAN JI MEI

吉州窑遗址出土
瓷器集萃

文物出版社

图书在版编目（ＣＩＰ）数据

吉简吉美 ：吉州窑遗址出土瓷器集萃 / 江西省文物
考古研究院编著. -- 北京 ：文物出版社，2020.10
　　ISBN 978-7-5010-6517-2

　　Ⅰ. ①吉… Ⅱ. ①江… Ⅲ. ①民窑－瓷器（考古）－介
绍－吉安县 Ⅳ. ①K876.3

　　中国版本图书馆CIP数据核字(2020)第012759号

吉简吉美 —— 吉州窑遗址出土瓷器集萃

编　　著　江西省文物考古研究院
责任编辑　谷艳雪　王　媛
责任印制　张　丽
责任校对　赵　宁

出版发行　文物出版社
社　　址　北京市东直门内北小街2号楼
网　　址　http://www.wenwu.com
邮　　箱　web@wenwu.com
制版印刷　天津图文方嘉印刷有限公司
经　　销　新华书店
开　　本　889×1194　1/16
印　　张　19.5
版　　次　2020年10月第1版
印　　次　2020年10月第1次印刷
书　　号　ISBN 978-7-5010-6517-2
定　　价　480.00元

目　录

窑变胚胎器　街存瓦砾墙——吉州窑遗址考古发掘纪要　　　　　　　　张文江　8

窑变胚胎器　街存瓦砾墙[*]

吉州窑遗址考古发掘纪要

张文江

一　遗址概况

　　吉州窑是宋元时期最具代表性、装饰题材最为丰富和最富有创造力的综合性窑场，创烧于晚唐五代，发展于北宋，南宋时形成独具特色的风格，达到鼎盛，元代后期趋向衰落。所烧瓷器种类繁多，釉色齐全，工艺鲜明，法效南北百工，造型与装饰题材丰富多样，涉及宗教、士人与世俗文化等宋元社会生活的诸多方面[1]，具有浓厚的地方风格与民族艺术特色，特别是黑釉木叶纹、剪纸漏花装饰技法堪称世界一绝。吉州窑产品行销海内外，对瓷都景德镇元代青花瓷器的勃兴起了直接的推动作用，在中国陶瓷发展史上占有非常重要的地位，对研究我国陶瓷制造工艺、陶瓷业发展史乃至区域社会经济发展史具有重大价值。1957年吉州窑遗址被公布为第一批江西省文物保护单位，2001年由国务院公布为第五批全国重点文物保护单位，2017年12月入选第三批国家考古遗址公园（图1、2）。

图1　吉州窑考古遗址公园

＊　本文是2019年度天津社科基金项目"吉安永和镇东昌路吉州窑址发掘资料整理与研究（项目号：TJZL19-
　　002）"的阶段性成果。

1　深圳博物馆、深圳市文物管理办公室、深圳市文物考古鉴定所：《禅风与儒韵——宋元时代的吉州窑瓷器》，
　　文物出版社，2012年。

图 2　吉州窑遗址远景

图 3　吉州窑遗址位置图

　　窑址（图 3）所在地为江西省吉安县永和镇，故名永和窑。因唐宋时期多以窑场所在地的州名命名，而吉安自隋至元初称吉州，故也称吉州窑。吉州窑遗址距吉安县城敦厚镇 13 千米，距吉安市区 18 千米，距江西省会南昌市 234 千米。永和镇濒临赣江，背倚绵亘数十里的浅山丛林，面对赣江东岸的佛教圣地青原山，2014 年入选第六批中国历史文化名镇，也是江西省历史文化名镇和历史文化街区。

二　考古概况

　　吉州窑遗址很早就受到了人们的关注和研究。

　　陈万里先生在《建国以来对于古代窑址的调查》一文中统计了 1949 年以来调查的 92 处窑址，提及有 11 处"早在解放前，经由人们调查过"，其中就包括吉安永和镇窑[1]，可惜没有更详细的介绍。

1　陈万里：《建国以来对于古代窑址的调查》，《文物》1959 年第 10 期。

何国维先生在《吉州窑遗址概况》一文中提到，1937年6月日本人小山富士夫曾到永和镇做过调查，并说吉州窑有青瓷生产[2]。

陈万里、冯先铭两位先生在《故宫博物院十年来对古窑址的调查》一文中转引英国东方陶瓷学会1939年年刊所载："英国人伯兰司登氏于1937年调查永和镇时曾捡得一块有凤纹的青瓷片，从这一块碎片的花纹，因而鉴定向为欧慕浮帕乐司所藏的一件凤首壶（现在伦敦英国博物馆）是吉州窑生产的作品。"[3]但时至今日，吉州窑遗址上仍然没有发现类似的青釉凤首壶标本。

新中国成立后，何国维先生于1953年首启新时代的吉州窑研究[4]，对吉州窑的分布进行了比较详细的了解，并绘制了第一张吉州窑窑址分布图（图4）。1955年4月，故宫博物院有关专家对永和镇吉州窑遗址进行了调查[5]。此外，段从光、饶惠元两位先生也在这一时期先后对吉州窑遗址进行过调查[6]。

1958年，蒋玄佁先生在前人研究和实地考察吉州窑遗址的基础上出版了《吉州窑：剪纸纹样贴印的瓷器》[7]，这是第一部系统研究吉州窑的著作。

1974年，江西省文物管理委员会对吉州窑遗址进行小型试掘，发现吉州窑的宋代文化层直接叠压在五代文化层上。五代文化层出土七八件温酒执壶残器标本，有的执壶原状置放在温碗中并

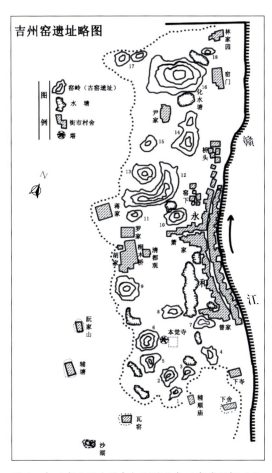

图4 吉州窑略图（引自何国维《吉州窑遗址概况》，《文物参考资料》1953年第9期）

2 何国维：《吉州窑遗址概况》，《文物参考资料》1953年第9期。

3 陈万里、冯先铭：《故宫博物院十年来对古窑址的调查》，《故宫博物院院刊》1960年总第2期。文中有关英国东方陶瓷学会使用的是"东方陶磁协会"。类似属性见蒋玄佁《吉州窑：剪纸纹样贴印的瓷器》（文物出版社，1958年），作者转引昭和15年日本刊《画说42号》中小山富士夫《中国青瓷史稿》之《吉州窑的成就》："仆蓝柯司东早在1937年，在永和的遗址中发现过细花纹的青瓷片，并认为时代可提早到唐代，风格和作品可与唐代越窑并称。又根据这件碎片的纹样来比较，推定英国博物馆的凤首壶亦属吉州窑的作品。"

4 何国维：《吉州窑遗址概况》，《文物参考资料》1953年第9期。

5 陈万里、冯先铭：《故宫博物院十年来对古窑址的调查》，《故宫博物院院刊》1960年总第2期。

6 蒋玄佁：《吉州窑：剪纸纹样贴印的瓷器》，文物出版社，1958年。

7 蒋玄佁：《吉州窑：剪纸纹样贴印的瓷器》，文物出版社，1958年。

套装于圆筒状匣钵内。执壶宝珠状纽盖、圆管状颈、扁圆腹（图5），温碗的造型分圆口和葵口。器物通体施青白釉，釉色灰暗，无纹样装饰。碗内底见支烧痕，保持了唐代以来的支烧方法，与北宋时期吉州窑垫圈装烧法完全不同[1]。器物整体造型简朴，与五代顾闳中《韩熙载夜宴图》中的执壶完全相同。

1980～1981年，江西省文物工作队联合吉安县文物管理办公室，对吉州窑遗址进行了首次考古发掘，这也是目前为止吉州窑遗址一次性进行的最大规模考古发掘。此次发掘，重点清理了本觉寺岭窑址窑炉（图6）和斜家岭窑址作坊遗迹（图7），并对其余23处废窑堆积逐个进行调查和小型试掘，开探方、探沟24个，揭露面积2191平方米，出土各类瓷器和窑具标本4503件，为研究吉州窑的历史提供了丰富的资料，初步解决了有关吉州窑的一些学术问题。发掘成果表明，吉州窑是江南地区特色鲜明的综合性瓷窑，具有浓厚的地方风格与民族艺术色彩，所烧瓷器种类多，釉色全，纹饰精美生动、丰富多彩，在中国陶瓷史上独树一帜，占有十分重要的地位[2]。

在调查和试掘的基础上虽然取得了非常多的研究成果，但受时代的局限，尤其是科技手段的限制，有些综合研究未能深入开展。而随着时间的流逝，吉州窑遗址与永和镇的面貌却都发生了不少变化。

为进一步深入研究吉州窑，促进和加强吉州窑遗址的文物保护工作，经国家文物局批准同意，江西省文物考古研究所（2018年改为

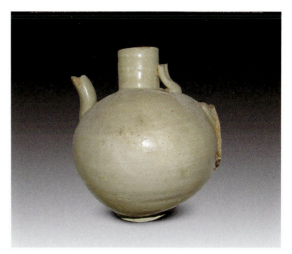

图5　吉州窑五代青白釉执壶

图6　1980年揭露的本觉寺岭窑址龙窑遗迹

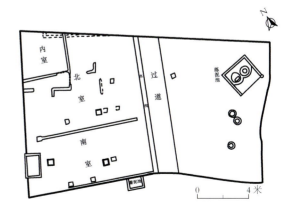

图7　1980年揭露斜家领窑址作坊遗迹平面图（引自陈定荣《吉州窑作坊技法探讨》，《江西历史文物》1981年第4期）

1　陈柏泉：《瓷苑拾零》，《江西历史文物》1981年第4期。

2　江西省文物工作队、吉安县文物办公室：《江西吉州窑遗址发掘简报》，《考古》1982年第5期。

江西省文物考古研究院）联合相关单位、大专院校，在 2006～2007 年全面勘探的基础上，分别于 2008 年、2012 年、2014 年、2016～2019 年，对吉州窑遗址外围永和堤、陶瓷厂、尹家岭、东昌路、茅庵岭窑址等进行多次考古发掘。整个考古工作分为三个阶段。

第一阶段：全面调查、勘探

2006～2007 年，江西省文物考古研究所对吉州窑遗址进行了考古调查和勘探，同时采用航空遥感考古技术对吉州窑遗址进行探查，为考古勘探和研究提供重要线索，开拓吉州窑研究的新领域。此外，还与中国科学院高能物理研究所、北京师范大学低能物理研究所合作，采用中子活化分析和同步辐射 X 射线荧光法（SRXRF）对吉州窑展开全方位、多学科和多角度的研究。

根据航空遥感考古提供的信息和成果（图 8、9），在全面仔细踏查吉州窑遗址，

图 8　2006 年吉州窑遗址航拍工作照

图 9　2006 年吉州窑遗址航拍图

基本探明其范围、摸清各区域功能的基础上，根据各个区域的特点，选择窑门岭、茅庵岭、鸳鸯街、瓷器街、永和小学、本觉寺塔北、本觉寺塔南、猪婆石岭、下瓦窑岭等 9 处地点布 12 个探沟（方）进行重点勘探试掘（图 10）。揭露面积 410 平方米，揭示龙窑 2 座、马蹄窑 1 座、灰坑 11 个、路面 5 处、地面（或天井）2 处、墙基 13 条，清理明清时期的小型墓葬 9 座，出土大量的瓷器和窑具标本，

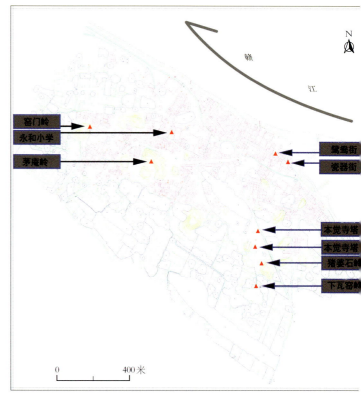

图 10　2006 年勘探点分布图

考古调查勘探取得丰硕的成果[1]。

第二阶段：配合基本建设考古发掘

1. 配合永和堤建设

2008 年 2～6 月，为支持吉安县永和堤除险加固工程，江西省文物考古研究所在吉安县博物馆的配合下，对永和改线段所涉及的吉州窑遗址外围边缘进行了考古发掘，在永和改线段 K14＋700 米～K15＋650 米的工程范围内，分 A、B、C 3 区布 5 米 ×5 米探方 32 个，其中 A 区 20 个、B 区 4 个、C 区 8 个，其中 A 区距 B 区 25 米，B 区距 C 区 34 米。揭露面积 800 平方米，清理明代中晚期到清末民国时期的灰坑 3 个、池子 1 个、陶缸 3 个、铜钱堆 1 处、墙基 29 条、石柱础 9 个、由墙基和石柱础组成的房基遗迹 8 处（图 11～13），出土一批晚唐五代至清代的遗物。出土遗物品类多样，从用途上分为生活生产用品和窑场产品，从质地上分为陶器、瓷器和铜器，其中陶瓷器所占比重较大。此次发掘清理的遗迹和遗物为研究明清时期吉安地区的人居环境、村落布局、建筑形式、生存状况，以及古代吉安地区的政治形态、经济发展、文化面貌、风俗习惯提供了第一手实物资料，丰富了庐陵文化的内容；其中吉州窑早期青釉、青白釉瓷器标本的出土，充实了吉州窑的内涵，有助于了解和研究吉州窑早期历史以及确立吉州窑的历史分期[2]。

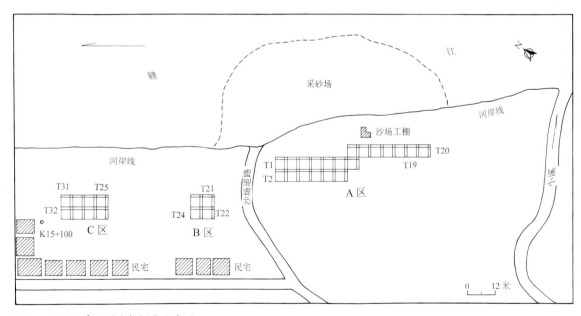

图 11　2008 年永和堤发掘探方分布图

1　张文江等：《江西吉州窑遗址调查勘探取得重要收获》，《中国文物报》2007 年 8 月 31 日。

2　江西省文物考古研究所等：《江西省吉安县永和堤除险加固工程发掘简报》，《南方文物》2011 年第 2 期。

图 12　2008 年永和堤发掘探方　　　　　　　　图 13　2008 年永和堤发掘地层

2. 配合东昌路改造工程建设

根据《吉州窑遗址保护规划》的要求和国家文物局《关于吉州窑遗址展示概念设计方案（一期）的批复》，吉安县文物局启动了吉州窑遗址保护展示建设工程，需对东昌路路面进行维修改造。按照国家文物局《关于吉州窑遗址东昌路改造工程设计方案的批复》，受江西省文化厅指派，2012 年 10 月 ~ 2013 年 2 月，江西省文物考古研究所联合吉安县博物馆、吉安市博物馆和南开大学考古学与博物馆学系、南京大学历史学院考古与博物馆学系等单位对东昌路改造工程路段进行了抢救性考古发掘。在 A 区、B 区、C 区共布 4 米 ×4 米探方 7 个、9 米 ×10 米探方 4 个、20 米 ×4 米探方 1 个、10 米 ×4 米探方 11 个，探方方向分别为北偏西 55°、北偏东 50°、北偏西 55°，揭露面积 992 平方米（图 14）。

3 个发掘区共揭露制瓷遗迹 80 多个，其中圆形釉缸 17 个、砖砌方形池 9 个、砖砌圆形池 6 个、辘轳车基座 7 个、砖墙 18 道、匣钵墙 2 道、排水沟 4 条、砖地面 5 处、匣钵地面 2 处、道路 1 条、灰坑 16 个。这些遗迹互相存在叠压打破关系，平面布局比较清楚，功能基本明了，

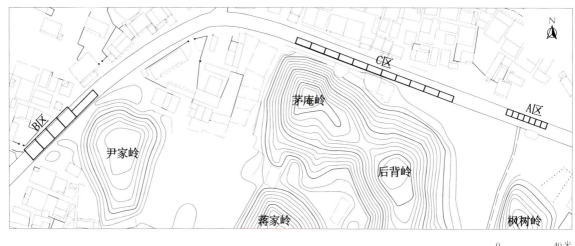

　图 14　2012 年吉州窑东昌路改造工程探方位置图

分属宋代、元代、明代等不同时期[1]。尤为重要的发现有两点：一是在 A 区揭露一组南宋时期拉坯、修坯以及施釉的制瓷遗迹，这些制瓷遗迹基本布设在用长方形砖或匣钵残片铺就的地面建筑内，一侧分布辘轳车基座或者釉缸（釉缸一般是 3 个成组），一侧分布方形练泥池、储泥池，成组排列在一起（图 15）。二是在 B 区清理出一组元代的制瓷遗迹，这些遗迹有规律地分布在一道红砖墙两侧，与吉州窑南宋时期制瓷遗迹集中、紧凑、成组联排的特点相比，整体布局显得舒展、大方，呈现出不同的时代风格（图 16）。成组制瓷作坊遗迹的发现，为研究南宋、元代吉州窑的制瓷工艺流程提供了重要资料，深化了吉州窑的制瓷文化内涵。

图 15　2012 年东昌路窑址 A 区南宋作坊遗迹

图 16　2012 东昌路窑址 B 区元代作坊遗迹

1　张文江：《吉州窑考古研究回顾》，北京艺术博物馆编《中国古瓷窑大系：中国吉州窑》，中国华侨出版社，2013 年。

图 17　北宋青白釉狮形熏炉盖

图 18　南宋黑釉剪纸漏花侈口盏

图 19　南宋绿釉刻花瓶

图 20　北宋黑釉壶形砚滴

图 21　北宋三彩叶形枕

　　出土标本从用途上分为产品、窑具和工具，从质地上分为陶器、瓷器、铜器等，其中瓷器占绝大多数。瓷器种类繁多，纹饰丰富多彩，造型新颖独特，分为青釉、青白釉、白釉、黑釉、绿釉、彩绘和瓷塑等。这些标本对了解吉州窑的瓷器品种和进行分期断代有重要作用，不少新的器形、装饰填补了吉州窑考古发掘资料的空白，如青白釉狮形熏炉盖（图17）、釉色漂亮剪纸漏花清晰的黑釉盏（图18）、绿釉刻花瓶（图19）、彩绘玉壶春瓶、小巧精致的瓷塑以及印模等。其中一批黑釉文房用具颇为引人注意，有三足小盘、砚滴（图20）、高足盘等。此外还发现了三彩瓷枕（图21）。

第三阶段：主动性考古发掘

分陶瓷厂、尹家岭、茅庵岭窑址 3 个区域。

1. 陶瓷厂、尹家岭窑址考古发掘

2012 年 9～12 月，根据《吉州窑遗址保护规划》和《吉州窑遗址"十二五"考古发掘计划》，江西省文物考古研究所会同吉安县博物馆、吉安市博物馆、南开大学考古学与博物馆学系、南京大学历史学院考古与博物馆学系对陶瓷厂窑址（图 22）、尹家岭窑址进行了考古发掘（图 23）。共计布 10 米 ×10 米探方 6 个、5 米 ×10 米探方 6 个、5 米 ×5 米探方 2 个、3 米 ×15 米探沟 1 条，方向正南北，发掘面积 995 平方米。揭露圆形釉缸 8 个、砖砌圆形池 2 个、砖砌长方形池 2 个、辘轳车基座 5 个、道路 2 条、砖墙 2 道、匣钵墙 3 道、排水沟 2 条、砖地面 2 处，以上遗迹共编 28 个号，分属宋代、元代、明代等不同时期。较为重要的是 3 组拉坯、修坯或者施釉的制瓷遗迹，这些制瓷遗迹基本布设在用长方形砖或匣钵残片铺就的建筑中，一侧分布辘轳车基座或者釉缸，一侧分布方形练泥池或者储泥池（图 24），为推断宋元时期吉州窑的制瓷工艺流程提供了重要资料。出土一批宋元明时期的青白釉、白釉、黑釉（图 25）、绿釉和白釉彩绘瓷（图 26）标本，为了解吉州窑的文化内涵和进行分期断代打下了基础。比较特别的是一批形状不一的南宋时期胎料和釉料试片，3～4 个试片包裹在灰褐色或褐色粗砂胎的圜底器里，上端有明显的封口盖（图 27）。有的试片刻划有特殊的符号，可以明显看出是用于烧

图 22　2012 年陶瓷厂窑址发掘现场

图 23　2012 年尹家岭窑址考古发掘现场

　图 24　2012 年陶瓷厂 F4、F5 的熟料池、釉缸

图 25　南宋黑釉剪纸漏花三凤纹碗

图 26　南宋白釉彩绘长颈瓶

图 27　尹家岭窑址胎料、釉料试片

制试验的。吉州窑工匠采用外围环境、材料与器物装烧氛围完全相同的方式进行烧制试验，进行探索性生产，为吉州窑的辉煌打下了坚实的基础[1]。

2. 茅庵岭窑址考古发掘

茅庵岭窑址位于吉州窑遗址中部的核心地区，北侧毗邻东昌路，东侧与后背岭相连，南侧与蒋家岭相接，西侧邻近尹家岭。2006～2007年，江西省文物考古研究所曾联合相关单位，采取社会科学与自然科学相结合、科研院所与高校相结合、考古学与陶瓷工艺相结合等的研究方式，使用地面普查（涵盖区域调查、重点调查）、重点勘探、航空遥感、中子活化分析和同步辐射X射线荧光法（SRXRF）等开展吉州窑遗址的全面调查、勘探工作。其中在对茅庵岭窑址进行重点勘探时，在窑址南面山坡发现窑炉迹象，为此布两个10米×10米探方进行试掘（图28），揭露了匣钵墙、墓葬、灰坑以及窑炉等遗迹，初步确定该区域是吉州窑宋元时期的主要烧成区。当年采取就地保护的措施。

图 28　茅庵岭窑址 2006 年发掘现场

1　张文江：《2012年度吉州窑遗址考古发掘》，《陶瓷考古通讯》2013年第1期。

图 29 茅庵岭窑址 2014 年发掘现场

为配合吉州窑考古遗址公园的建设，深化对吉州窑的研究，江西省文物考古研究所联合吉安县文物局、吉安市博物馆、南开大学考古学与博物馆学系、厦门大学人文学院历史系、景德镇陶瓷大学艺术考古文博学院、江西师范大学历史旅游学院等单位，于 2014 年 2 月 ~ 2015 年 1 月、2016 年 9 ~ 11 月、2017 年 3 ~ 12 月对茅庵岭窑址进行了连续考古发掘（图 29）。共布 10 米 × 10 米探方 17 个，方向正南北，后局部扩方，总计揭露面积 1750 平方米，发现龙窑、房基、道路、墓葬、灰坑、墙体等遗迹，出土一批宋元明时期的青白釉、白釉、黑釉、绿釉、卵白釉、彩绘瓷器标本[1]。

该区域的遗迹编号从 MF21 编至 MF111，共有 91 个，遗迹类型多样，有龙窑 3 座、墙基 25 条、道路 3 条、墓葬 16 座、灰坑 15 个、挡土墙 24 道、排水沟 2 条、砖砌池 2 个、储泥池 1 个。

2018 年 1 月，吉安县文物局根据北京清华同衡规划设计研究院有限公司于 2017 年 6 月设计的《吉州窑遗址（茅庵岭窑址片区）保护性设施工程方案》开始实施保护棚建设工程，在龙窑遗迹两侧基础打桩及清表施工过程中发现密集的窑炉遗迹和大量堆积。吉安县立即停止施工，并请江西省文物考古研究院对新发现的遗迹进行抢救性考古发掘。

1　张文江等：《吉州窑茅庵岭窑址考古的主要收获》，《中国国家博物馆馆刊》2019 年第 12 期。

经报国家文物局批准，江西省文物考古研究院按国家文物局《关于吉州窑茅庵岭窑址保护棚建设工程设计方案的批复》意见，于2018年9月～2019年2月对茅庵岭窑址保护棚施工范围新发现的遗迹进行了抢救性考古发掘，对工程涉及区域3000平方米进行清理，并对部分遗迹进行重点解剖。在茅庵岭龙窑遗迹西侧布10米×10米探方13个，在东面T3419布2米×10米探沟1条，在东南角布10米×10米探方T2920，探方主要集中在茅庵岭窑址原来揭露的龙窑遗迹西侧，方向正南北，共揭露面积1420平方米，发现一批龙窑、墙体、道路、墓葬、灰坑、制瓷作坊等遗迹，出土较多宋元明时期的青白釉、白釉、黑釉、绿釉、卵白釉、彩绘瓷器和窑具标本。

配合茅庵岭窑址保护棚建设考古发掘揭露遗迹20处，编号为MF113～MF131，其中2014年发现的道路MF68继续向东西两侧延伸，本年度没有另行编号。遗迹包括龙窑3座（因保护展示需要没有全面揭露）、上窑路4条、墙体4道、砖砌道路1条、釉缸2个、储料池2个以及墓葬1座、灰坑3个。

自2006年以来，茅庵岭窑址共布10米×10米探方33个，揭露面积3170平方米（图30）。根据遗迹单位、地层堆积和出土遗物，初步将茅庵岭窑址揭露的遗迹分为五组，大致对应北宋、南宋、元、明、清时期。

第一组，清代遗迹：主要有长方形土坑墓、砖室墓、灰坑、匣钵墙基以及匣钵和废弃窑砖混合砌成的墙基（图31）。以MF82（图32）、MF113、MF116、MF121、MF120为代表。

第二组，明代遗迹：主要是房屋遗迹，有路面、墙基、排水沟、灰坑（图33）、挡土墙基以及墓葬。以MF96、MF122、MF68-1为代表。

第三组，元代遗迹：主要是作坊和窑炉遗迹。以MF30、MF114、MF115、MF117、MF118、MF119、MF123、MF124为代表。

第四组，南宋遗迹：主要是窑炉和上窑路遗迹。以MF37、MF125、MF128、MF129为代表。

第五组，北宋遗迹：主要是窑炉、灰坑（图34）、砖砌池，砖砌池可能是储泥池。以MF77、MF109、MF126、MF130、MF131为代表。

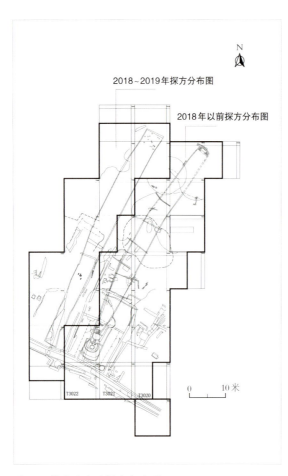

图30　茅庵岭窑址探方分布图

图 31　2016 年揭露的茅庵岭窑址清代建筑遗迹航拍照

图 32　2016 年揭露的茅庵岭窑址清代灰坑 MF82

图 33　茅庵岭窑址明代灰坑遗迹 MF96

27

图 34　茅庵岭窑址北宋灰坑
MF77

三　主要遗迹

　　2006～2019 年，江西省文物考古研究所对吉州窑遗址多个地点进行了数次考古勘探、发掘，揭露面积 6500 平方米，清理了大量与瓷器制作、烧造、运输以及生活相关的遗迹，包括龙窑 6 条、马蹄窑 2 座、上窑路 4 条、灰坑 48 个、砖砌方形池 17 个、辘轳车基座 12 个、釉缸（砖砌圆形池）38 个、道路 11 处、砖地面 7 处、匣钵地面（或天井）4 处、墙基 116 条（砖墙 20 条、匣钵墙 18 条、混合墙体 78 条）、排水沟 8 条、石柱础 9 个、铜钱堆 1 处、墓葬 17 座。发现的这些宋元至明清时期的窑炉、制瓷作坊、民居建筑、街道建筑遗迹，为研究吉州窑制瓷手工业、了解和复原永和古镇提供了新资料。现择主要遗迹介绍如下：

　　1. 窑炉遗迹

　　分为龙窑和马蹄窑。

　　（1）龙窑窑炉

　　6 条。在茅庵岭窑址先后揭露东西并列的两组龙窑窑炉遗迹，编号为 MF30—MF37—MF109 和 MF115—MF125—MF126。

　　东侧一组龙窑遗迹为 MF30—MF37—MF109，位于茅庵岭窑址东面 T3121、T3122、T3221、T3222、T3320、T3321、T3420、T3421、T3519、T3520、T3618、T3619 探方内，为上下叠压的 3 条龙窑窑炉（图 35）。每条龙窑由窑前工作区、火膛、窑室、窑门（图 36、37）、挡土墙、窑尾（图 38）等结构组成。窑壁用砖叠砌（图 39）。最上层龙窑窑炉 MF30 室内残留较多匣钵（图 40），窑头方向为南偏西 32°。

　　MF30 开口于第④层下，最高处距地表 0.5 米。长 63.2、内宽 1.1～4.68 米。窑内堆积分 3 层：

第①层，红烧土层，质地较紧，夹有少量匣钵和碎红砖，出土包含物多为黑釉瓷，器形以盏、碗为主；第②层，瓦片层，小青瓦破碎严重；第③层，红烧土层，质地较松，夹有匣钵和碎红砖，包含物主要是黑釉瓷，器形有碗、盏、碟、盘等。窑前工作区呈不规则圆形，最长 4.7 米，距地面 3.8 米，砌筑在黄色土上，上部使用窑砖平砌，砖墙最多留存 29 层砖，高达 1.55 米（图 41）。

图 35　2017 年揭露的茅庵岭窑址东侧龙窑遗迹全景（由南向北）

图 36　茅庵岭窑址 MF37 窑门 3

图 37　茅庵岭窑址 MF30 窑门 5

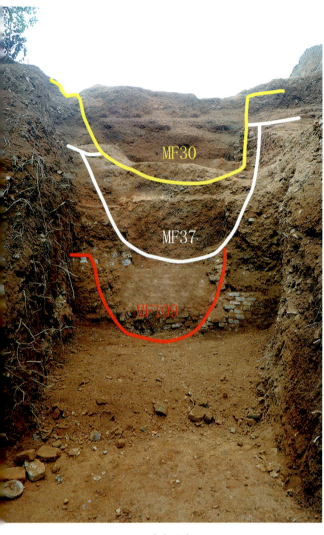

图 38　茅庵岭窑址 MF30、MF37、MF109
窑尾

图 40　茅庵岭窑址 MF30 窑床内匣钵

图 39　茅庵岭窑址东侧 MF30、MF37、
MF109 窑炉东壁

图 41　茅庵岭窑址 MF30、MF37、MF109 窑前工作区（由北向南）

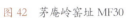

图 42　茅庵岭窑址 MF30

图 43　茅庵岭窑址 MF37

图 44　茅庵岭窑址 MF109

火口宽 0.4 米。火膛呈扇形，南部宽 0.4、北部宽 1.1、南北进深 0.9 米（图 42），底部保留小青瓦和砖砌的落灰槽。北部与窑床相连处有一道挡土墙。窑床平面呈长条形，北高南低，坡度约 20°，东西窑壁为砖墙，采用红色窑砖平铺叠砌，砖长 20、宽 15、厚 6 厘米。窑壁在窑床后部向东侧弯曲，平面呈弧形，南北两面较窄，中间较宽。MF30 窑前工作区利用 MF37 的窑前工作区和火膛，面积较 MF37 窑前工作区大。

MF37（图 43）是在 MF109（图 44）的基础上修建的，其窑前工作区利用 MF109 的窑前工作区，并在窑前工作区中间砌建一口水井和一组砖柱，窑床内宽 1.8～5.15 米，窑门 1 宽 0.6 米、窑门 2 宽 0.4～0.6 米、窑门 4 宽 0.55 米、窑门 5 宽 0.8 米。

该组龙窑遗迹结构清晰完整。3 条龙窑同处一地，位置基本没有变化，但以 MF109、MF37、MF30 为序，窑前工作区由低向高抬升，火膛位置由南往北移动，火膛面积逐渐缩小，窑床由低向高抬升，窑壁由外向内收缩，窑床面积逐渐缩小。

西侧一组龙窑遗迹为 MF115—MF125—MF126，与东侧一组的窑炉结构、大小基本相似。也是上下叠压的 3 条龙窑窑炉。

3 条相互叠压的龙窑遗迹的发现，对研究吉州窑的烧造技术，认识吉州窑窑址窑包的形成提供了新材料。上下叠压迹象明显的窑炉遗迹清晰地展示了吉州窑的瓷业发展史，对南方地区窑场发展模式的研究有着重要的意义。

（2）马蹄窑窑炉

2 座。

马蹄窑 2006BF9 位于本觉寺塔南Ⅱ T1736 探方内，窑门方向南偏东 37°，由窑前工作区、窑门、火膛、挡墙、窑床、烟道、窑壁组成。窑前工作区呈"八"字形，宽 0.6 米，进窑门处砌

2 级台阶（图 45 ~ 48）。窑门位于窑头，保存完好，呈倒 "U" 形，高 1.86、最宽 0.58、厚 0.18 米。火膛平面呈椭圆形，位于窑门与窑床之间，长径 1.28、短径 0.8、深 0.6 米。底部平铺一层青砖，砖长 27、宽 10、厚 6 厘米。挡墙位于火膛与窑床之间，在窑床前砌一排青砖，残留 6 层，砖长 27、宽 10、厚 6 厘米。窑床位于火膛与烟道之间，平面呈马蹄形，内宽 3.6、长 3.4、残高 1.5 米。窑床底部起 3 层台阶，前部较低，后部比中部高 0.06 米，前部长 1.9、宽 2.7 ~ 3.6 米，后部长 3.4、宽 3.6 米。烟道位于窑后壁，共 3 个，均匀排列，横截面呈倒梯形，长 0.14 ~ 0.3、宽 0.2、残高 1.2 米，烟道口用青砖封闭。窑壁厚 0.2 米，内侧呈青灰色，厚约 0.06 米；外部呈砖红色，厚约 0.14 米。窑内灰褐色黏土黏稠，为二次搬运堆积，含大量的匣钵碎块，出土有黑釉、白釉、绿釉、彩绘瓷等，器形有罐、碗、盏、杯、盘、枕等。该窑为掏洞挖建而成，近旁有一条由废窑砖、城墙砖、匣钵、

图 45　本觉寺塔南侧窑址马蹄窑 2006BF9

图 46　本觉寺塔南侧窑址马蹄窑 2006BF9 烟道

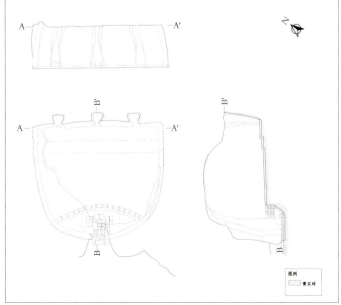

图 47　本觉寺塔南侧窑址马蹄窑 2006BF9 窑门　图 48　本觉寺塔南侧窑址马蹄窑 2006BF9 平、剖面图

图 49　本觉寺塔东侧砖石路

图 50　本觉寺塔东侧砖石路城砖铭文

图 51　本觉寺塔东侧砖铭拓片

石板、条石组成的长条砖石路，留存的长方形青灰砖侧面模印有"庐陵县提调官""吉安府庐陵""提调官""周仲四""景泰""府吏"等铭文（图 49~51）。史书记载明代江西地区有55 个县为南京城墙烧制城砖，现南京城墙上仍保留有此类刻铭的城墙砖。结合窑的形状及窑壁情况，推测该窑应是明代前期为南京城墙烧砖的。

2. 与制瓷相关的遗迹

有灰坑、砖砌长方形池、釉缸、辘轳车基座等。

（1）陈腐池或储泥池（灰坑）

48个。大小形状不一，功用也不一致，有的是当时的垃圾坑，有的与制瓷相关。

2006BF4，位于本觉寺塔南部ⅡT1735探方北部，开口第①层下，坑口距地表0.15米，打破生土层。坑口呈半圆形，口大底小，斜壁圜底。灰褐色黏土，夹有匣钵碎片、垫圈。出土有黑釉、白釉、青白釉瓷器等，器形有碗、盏、碟、杯等。根据形状结构推测该灰坑为制瓷的陈腐池或储泥池（图52）。

（2）储料池（砖砌方形池）

18个。使用青灰砖或红色砖砌筑。

2012DF31，位于东昌路窑址B区2012DT10东部偏南，北邻DF33，南邻DF39。开口于第②层下。平面为长方形，除东壁略内收外，其他壁面较平直，内长0.78、外长1米，内宽0.61、外宽0.91米，深0.74米。底部错缝平铺青灰砖，有完整砖、残砖之分。四壁以砖平铺垒砌，用砖多为残砖，偶见完整者，将残者稍加修整后用规整面砌成池子边缘。池内出土黑釉罐、碗、盏等。根据遗迹形状结构、出土器物以及与周边遗迹的相互关系，推测为元代制瓷的储料池（图53）。

2019MF118，位于茅庵岭窑址西侧T3223西部。开口于第③层下，叠压在MF113下，口沿距地表1.5米。长方形，四壁用废窑砖顺向层叠，最多存9层，长1.08、宽0.96、高0.54米，砖长14、宽13、厚5厘米。池底平铺一层六列长方形方砖，砖长22、宽12、厚6.5厘米。池内为泥土堆积，发现一捶丸。据该池开口层位及与其同一层位的MF119缸内出土"至大通宝"铜钱，推断年代不早于公元1310年，应为元代制瓷的储料池（图54）。

图52　本觉寺塔南侧窑址灰坑 2006BF4

图53　东昌路窑址B区储料池 2012DF31

　图54　茅庵岭窑址储料池 2019MF118

（3）釉缸（砖砌圆形池）

38个。圆形大缸，外围垒砌砖、石或三合土。部分仅存砖砌或者三合土粉刷的圆形池子，釉缸不存。

2006ZF11，位于猪婆石岭西北部的ⅡT2338探方北部（图55、56）。开口于第③C层下，坑口距地表0.4米。坑口呈圆形，弧壁，底凹凸不平，口径0.6、深0.48米。建造方式为先挖出池子的形状，再在四壁粉刷三合土，最后在底部填埋一块青石。三合土口沿宽0.2、厚0.04～0.1米，三合土西壁损毁。坑内填土为灰褐色黏土，质地较紧，包含物有小贝壳和黑釉、白釉瓷器等。其南面不远处有一道由石块和红砖垒砌的墙体，可能是作坊的边墙或隔墙。根据形状结构、位置及包含物，推测该池是南宋时期制瓷作坊内捣釉的池子或残损的捣釉缸遗迹，出土的小贝壳可能是当时制釉的原材料。

图55 猪婆石岭窑址釉缸2006ZF11

图56 猪婆石岭窑址釉缸2006ZF11

2012TF4，位于陶瓷厂窑址ⅠT1414探方，东端距东隔梁0.8米，北侧贴近北隔梁。开口于第②层下，叠压在第③层上。口沿距地表0.3米。缸口呈圆形，口大底小，弧腹。口沿周围平铺一圈红砖，红砖长16、宽6、厚6厘米，缸口径约62厘米。因展示需要未能完全清理缸内，深度不详。根据地层叠压关系、遗迹形状结构、探方内出土的黑釉瓷碗及唐宋铜钱，推测是与TF5同一组的南宋时期制瓷釉缸（图57）。

2019MF119，位于茅庵岭窑址西侧T3223

图57 陶瓷厂窑址釉缸2012TF4

西北角。开口于第③层下，打破第④层。整体呈不规则方形，内长0.61、宽0.53、深0.74米。上部由2层青砖、红砖环绕砌成。中部由3层青砖砌成一圈，直径22厘米，砖长25、宽14、厚4厘米。下部置大缸，口径45、底径17、深34厘米，口部厚2厘米。缸内堆积大量灰黑色泥土，土色较纯，土质疏松。缸壁粘存瓷泥，经中科院上海硅酸盐研究所初步检测为釉料，且极有可能是

图 58　茅庵岭窑址釉缸 2019MF119

图 59　东昌路窑址 A 区辘轳车基座 2012DF11

黑釉釉料。缸内出土黑釉、酱釉、白釉、孔雀绿釉瓷片和一枚元代"至大通宝"铜钱。推断为元代釉缸（图58）。

（4）辘轳车基座

12个。

2012DF11，位于东昌路窑址 2012DT5 探方。开口于第①层下，距地表 0.1～0.5 米，叠压在第②层上。2012DF11 由四部分组成：东西走向的砖墙，残长 1.9、宽 0.8、高 0.2 米，最高处残存 4 层砖。南北走向的砖铺地面，残长 1.5、宽约 0.3 米。西北角近似圆形的池子，直径 1.3、深 0.3 米，周围平铺一层红砖。西南角的辘轳车基座，平面近似方形，边长约 0.8 米，中间覆置一直径约 0.3 米的漏斗状匣钵，匣钵底镂空，应是用于插辘轳车车轴的，周围以匣钵及砖块砌筑加固铺底。2012DF11 地面留存灰白色瓷泥。2012DF11 填土，土质坚硬，呈褐色，土中夹杂小石子，包含物有黑釉、酱釉、白釉、绿釉瓷片。与 DF9、DF10、DF12、DF13、DF14 构成一组遗迹。根据形状结构，推测 2012DF11 整体为南宋时期辘轳车基座工作面（图59）。

3. 与永和镇相关的遗迹

主要是道路、地面、天井、墙基以及建筑遗迹。这些遗迹的用材复杂，有匣钵、红色窑砖、长条形青灰砖、鹅卵石、沙土等，有的使用一种材料，有的使用两种或两种以上材料。时代分属宋、元、明、清甚至民国时期。共有道路 11 处、砖地面 7 处、匣钵地面（或天井）4 处、墙基 116 条（砖墙 20 条、匣钵墙 18 条、混合墙体 78 条）、排水沟 8 条、石柱础 9 个、铜钱堆 1 处。

2006BF2，位于本觉寺塔北面 II T1037 探方南部（图60、61）。开口于第②层下，距地表 0.1～0.25 米，叠压在第③、④层上。平面呈长条形，东北—西南走向。在平整的灰黄土上用加工过的废弃匣钵竖向砌成，揭露出的匣钵地面长 4、宽 0.8、厚 0.06 米。由于第③层为明清时期堆积，第④层为宋元时期堆积，且根据当地曾氏族谱记载和老一辈人的指认，这一区域在民国时期为本觉寺庙所在，故推测 2006BF2 是民国时期本觉寺寺庙的天井或地面遗迹，其南面 5 米处耸立有本觉寺塔。文献记载，本觉寺始建于唐开元年间，今寺毁而塔历经沧桑独存，为江西省文物保护单位。

图 60　本觉寺塔北天井遗迹 2006BF2

图 61　本觉寺塔北天井遗迹 2006BF2 匣钵地面

图 62　茅庵岭窑址道路遗迹 2014MF68 全景图

　　2014MF68，位于茅庵岭窑址两组龙窑的南面，开口于第③层下，东西向分布，方向西偏北 30°，揭露长约 35、宽 1.6 米（图 62、63）。长条形状略弧曲，路面呈龟背状，中间高，两侧低，上下 3 个路面相互叠压，南北两侧有散水沟。2014MF68-3 修建时间最早，用长条形红砖叠砌，

图 63　茅庵岭窑址道路遗迹 2014MF68 航拍图

图 64　茅庵岭窑址道路遗迹 2014MF68-1 与 2014F68-2 航拍图

图 65　茅庵岭窑址道路遗迹 2014MF68-2 路面

图 66　茅庵岭窑址道路遗迹 2014MF68-2 两侧排水沟

揭露部分长 5.1 米。叠压在 2014MF68-3 上的 2014MF68-2 修建时间较晚（图 64、65），二者间隔一层灰色土，揭露部分长 20.7、宽 1.5 米，采用扁平青灰砖竖砌，两侧青砖沟边与路面平行，中间青砖与路面横向竖砌，一侧（北侧）保留有砖砌散水沟，沟呈弧状（图 66）。2014MF68-1 时代最晚，两侧采用青砖竖向叠砌，路面用匣钵残片纵向竖砌，中间用匣钵拼砌菊花和方孔圆形铜钱纹样（图 67、68），长 12.1、宽 1 米，西部利用了原有的 F68-2 路面和散水沟。根据形状、走向和结构，结合《窑岭萧氏族谱》中宋代永和地图等资料[1]，推测这组位于窑前工作室南面、保存较好的道路遗迹的早期路面可能是宋元时期永和镇莲池街的西段部分。其与窑炉、建筑地面连成一体，是连通窑炉烧造区、东西两侧制瓷作坊区与储存消费区的重要纽带。

1　永和乡志编纂小组：《永和乡志》，1987 年内部发行。

图 67　茅庵岭窑址道路遗迹 2014MF68-1 路面花纹

图 68　茅庵岭窑址道路遗迹 2014MF68-1 路面花纹

图 69　永和老街现状

　　2006LF44（图 69～71），位于永和老街（鸳鸯街）T1 探方北部。开口于第③层下，距地表 0.3～0.4 米，叠压在 2006LF43 下、第⑤层之上。长条形，中部拱起。路面中间铺的青砖已被破坏，路两侧的青砖保存较好。揭露青砖铺成的地面，东西长 3、南北宽 2.6、厚 0.2 米。路面建筑在原来的沙地路面上，先按路的走向铺垫一层红烧土，中间厚，两侧薄，红烧土厚 0～0.2米；再在红烧土上铺垫一层厚约 0.05 米的黄沙，在黄沙上铺砌青砖，青砖长 24、宽 12、厚 3 厘米。黄沙垫土层质地较紧，包含少量的明清青花瓷片。红烧土颗粒较粗，质地较紧，包含物较少，出土有青花、白釉、青釉瓷器等，器形有碗、盏、枕、网坠等。根据地层叠压关系和出土物，参考《窑岭萧氏族谱》中的宋代永和镇地图，推测该路面是清代永和老街的街道路面，建在宋元时期永和镇的鸳鸯街上。

图70　永和老街路面遗迹 2006LF44

图71　永和老街路面遗迹 2006LF44

图72　永和老街路面遗迹 2006LF48

图73　永和老街路面遗迹 2006LF48

图74　永和老街路面遗迹 2006LF48 层位叠压关系

2006LF48，位于永和老街（瓷器街）T2探方内（图72～74），东北—西南走向。开口于第⑥层下，距地表0.6～0.8米，叠压在第⑧层上。长条形，中间略高。路面先铺一层沙子、碎瓦片，沙子为黄色，质地较紧，最后用鹅卵石铺陈。揭露部分长3.2、宽1.8～2、厚0.1～0.18米。出土器物较少，陶瓷器有青釉、青白釉和釉陶类，可辨器形有缸、罐、碗、网坠等。根据地层关系和《窑岭萧氏族谱》所载宋代永和镇地图，推测该路面

是宋元时期瓷器街东侧的一段，其东面100米处是赣江西岸的古大集渡码头。

2008YF2，位于永和堤2008C区T30、T32探方（图75、76）。开口于第③层下，距地表0.3～0.5米，叠压在第⑤层上。平面近长方形，坐南朝北，分东西两开间。墙基东西长5.8、南北宽2.7、残高0.15～0.25米。东间稍大，东西长2.7、南北宽2米，由Q1、Q2、Q3、Q4四条

图 75　永和堤房基遗迹 2008YF2

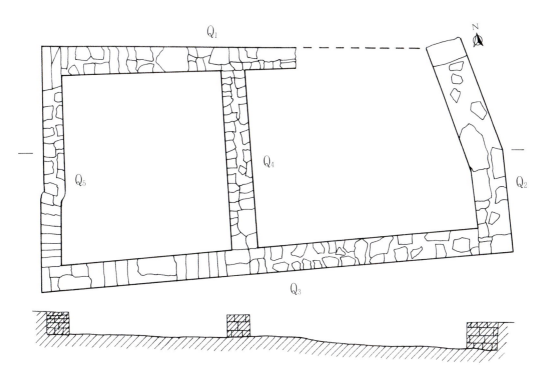

图 76　永和堤房基遗迹 2008YF2 平、剖面图

0　　　　1 米

墙基围成。Q1 长 2.8、高 0.2～0.25 米，用碎青砖、红石混合砌成。Q2 长 2.5、宽 0.5 米，用红石、青石混合砌成。Q3 长 5.8、宽 0.1～0.3、高 0.1～0.3 米，用碎砖和石块混合砌成。Q4 长 2、宽 0.25 米，用碎砖和石块砌成。Q1 东部残缺，缺口长 1.5 米，可能是门道所在。西间稍小，呈正方形，边长近 2 米，由 Q1、Q4、Q3、Q5 围成，Q4 与东间共用。Q5 长 2.7、宽 0.25～0.3 米，用碎砖和石块混合砌成。墙内地面平整、坚硬板结，经过长期的踩踏。根据地层关系和出土物，推测 2008YF2 是清末居住建筑遗迹。

4. 墓葬

17 座。分为土坑墓和砖室墓，分属清代和明代。

2019MF122，砖室墓，位于茅庵岭窑址西面 MT3421 探方北部偏西，靠近 MT3421 北隔梁（图 77、78）。开口于第①b 层下，打破第②层。平面呈方形，青灰色砖垒砌，墓顶宽 0.33、内底宽 0.235、深 0.173 米。在山坡较为平坦的地面挖方形土坑，底面不铺砖，四周竖立长方形青灰砖，墓顶平置 3 块青灰砖，其上叠置 2 块青灰砖，其中 1 块碎裂残缺。砖长 23.3、宽 11.3、高 3 厘米。墓内埋藏青釉碗，碗唇口，圈足，内、外壁施青釉，碗内盛满米粒，米粒中间放置一枚鸡蛋，碗口沿置放一根骨头。碗口径 21.4、足径 7.4、高 9.3 厘米。根据开口层位及碗的形制、胎釉特征，推测 MF122 为明代晚期的二次迁葬方形砖室墓。

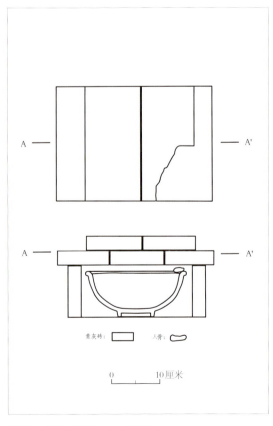

图 77　2019MF122 墓葬　　　　　图 78　2019MF122 平、剖面图

四　主要收获

通过对吉州窑遗址的勘探、考古和对出土资料的整理、研究，取得以下初步认识：

一是进一步探明了吉州窑遗址的分布范围，明确了其性质内涵、区域功能。

吉州窑遗址的分布范围，东至赣江西岸、西到现永和中学东侧、南止塔里前村、北在林家园朱家村南面[1]。在南北长 2 千米、东西宽 1.5 千米，面积大约 3 平方千米范围内的古窑场区域保存有 23 座窑业堆积，包括窑岭、茅庵岭、牛牯岭、后背岭、窑门岭、官家塘岭、屋后岭、猪婆石岭、蒋家岭、七眼塘岭、松树岭、曹门岭、乱葬戈岭、尹家山岭、本觉寺岭、上蒋岭、讲经台岭、曾家岭、斜家岭、枫树岭、柘树岭、天足岭等（图 79），总面积 80500 平方米，堆积 726800 立方米[2]。

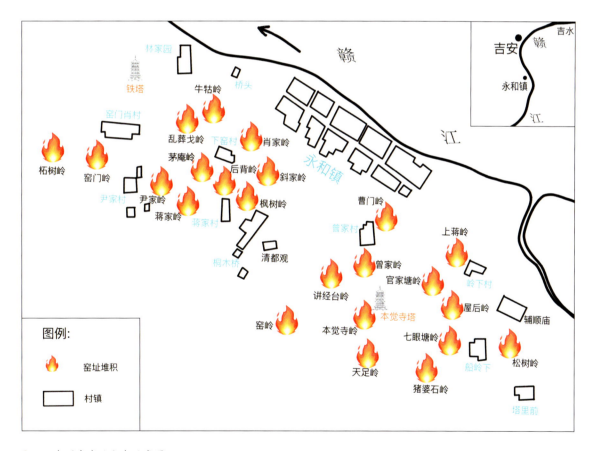

图 79　吉州窑窑址分布示意图

1　张文江：《吉州窑考古研究回顾》，北京艺术博物馆编《中国古瓷窑大系：中国吉州窑》，中国华侨出版社，2013 年。

2　江西省文物工作队、吉安县文物办公室：《江西吉州窑遗址发掘简报》，《考古》1982 年第 5 期。

　　吉州窑遗址不仅是一处工序较为齐全且布局合理、构筑讲究的制瓷遗址，更是一处古代瓷窑和市镇聚落交错的综合性遗址，包含晚唐五代至宋元时期的窑业堆积、作坊遗迹、古街道、建筑遗迹，乃至明代的窑业遗存和永和古镇，以及其他地上、地下的历史遗存，是一个大的统一体。遗址整体呈现分布面积大、遗迹点多密集、文化内涵丰富且类型多样的特征。遗存类型有窑包、窑炉、陶瓷作坊、寺庙塔观、名人古迹、老街区以及池塘、道路、街道等[1]。在窑业堆积之间以及窑业堆积与街道之间的平坦地带甚至低洼地段保留有大量的作坊、古镇、古街遗迹，这些也是吉州窑遗址非常重要的组成部分。

　　二是通过考古勘探，明确和复原了宋元时期永和镇的街道格局。

　　永和镇历史悠久，"永和"之名最早见于北宋景德年间（1004～1007年）。南宋进士、永和人周必正在《辅顺庙记》中记载："皇朝景德中，瓷窑始置官吏，为永和镇。"[2]夏、商时属扬州地域，周朝属吴、越、楚地。秦始皇二十六年（前221年）设庐陵县，属庐陵县。东汉初平二年（191年）为东昌县治，属豫章郡。三国吴置西昌、东昌二县，属庐陵郡，永和镇仍为东昌县治。后西昌省，改为泰和县，晋属庐陵郡。自隋迄宋均属吉州，元属吉安路庐陵县，明属吉安府，民国时属吉安县。

　　晚唐时，永和镇因交通便利而设草市，周围人口增多，又因设有草市方便交易而形成窑场。五代时，"民聚其地，耕且陶焉，由是井落圩市，祠庙寺观始创。周显德初，谓之高唐乡临江里磁窑团，有团军主之"[3]。宋代，在"海宇清宁"的环境下，受邻近的丰城洪州窑、新干塔下窑、临川白浒窑的影响，吉州窑飞速发展。北宋真宗景德年间，永和为镇市，置监镇司，掌瓷窑烟火公事，窑业带动商业发展，辟坊巷六街三市，附而居者数千家，"锦绣铺有几千户"，人口好几万，是"民物繁庶，舟车辐辏"的繁华之地。北宋元丰年间（1078～1085年），由于吉州窑瓷业兴盛，永和镇已是"百尺层楼万余家，连廒峻宇，金凤桥地杰人稠，鸳鸯街弦歌宴舞"，"名公钜卿，来游其间，必有歌咏，以记其胜"的"天下三镇"之一，成为"江东一大都会"，可以想见当时以瓷业为中心的手工业市镇的繁荣。随着经济的发展，永和镇先后建起清都观、本觉寺、辅顺庙、智度寺、堆花井、东昌井、金钱池等。时代变迁，街市、里坊、官署、书院、寺观、庙宇等有的得以延续下来，古街道、古码头渡口、古窑址堆积延绵数里，成为一道独特的风景线。正所谓："永和古名市，益国是家乡。窑变胚胎器，街存瓦砾墙。山川夺秀色，天地启珍藏。寂寞书台在，茫茫春草长。"[4]永和镇因瓷器手工业发展而形成，随瓷器手工业的兴旺、衰落而繁荣、萧条，是我国唐宋时期工商业城镇中以手工业形成市镇的典型代表，是我国目前保存最完好的瓷器手工业

1　张文江、赖金明：《吉州窑陶瓷文化探析》，陈昌蔚文教基金会编《陈昌蔚纪念论文集（第七辑）》，2015年。

2　边晓玲：《〈永乐东昌志〉点校本》，江西高校出版社，2018年。

3　边晓玲：《〈永乐东昌志〉点校本》，江西高校出版社，2018年。

4　（明）唐文凤：《梧冈集》，卷三，四库全书本。

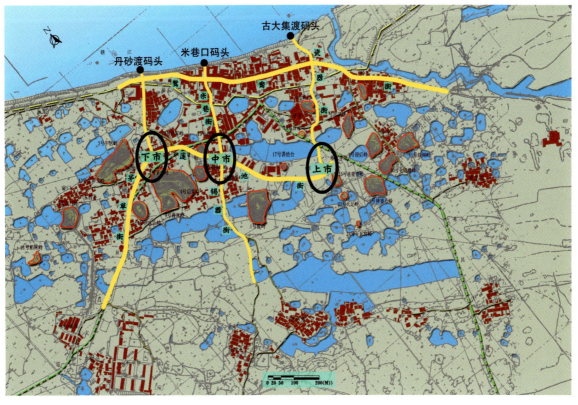

图 80　宋元时期永和镇分布示意图

古镇和瓷窑遗址之一，对研究中国古代经济发展史、社会发展史有重要价值。

通过考古勘探发掘资料，参照《窑岭萧氏族谱》所载宋代永和地图等相关文献，复原出宋元时期的永和镇主要由六街三市、街市之间的小巷道以及沿赣江西岸的码头渡口组成（图 80）。

六街分别是莲池街、鸳鸯街、瓷器街、米巷街、锡器街、茅草街。

永和镇有三市，即上市、中市、下市。上市当在本觉寺前瓷器街与莲池街相交处一带，《东昌志》云："本觉寺记，庐陵为桂刹者累百，为禅刹者十，永和本觉其一也，寺肇创于唐"，"东昌本觉在上市，南有塔，唐开元时所创也"[1]。中市应在莲池街中部，地处莲池街与锡器街、米巷街相交的一带，《东昌志》载："莲池街在中市桐柱窑，益公致政开池，养莲以为游观之所，池长竟街，今塞为数池，悉民业。"[2]下市当在茅草街至金凤桥的中部，地处茅草街与莲池街相交处（即今下窑村）。

与永和镇的东西向街道相连，通向赣江的码头约有六七个，自南往北有古大集渡码头、五通庙码头、米巷口码头、黄家码头、丹砂渡码头、天主堂码头、王天和码头。彼时吉州窑的精美产品就是从这些码头装运出港，再运往世界各地的。这些码头有的残存石台阶，可见曾经的

1　边晓玲：《〈永乐东昌志〉点校本》，江西高校出版社，2018 年。

2　边晓玲：《〈永乐东昌志〉点校本》，江西高校出版社，2018 年。

规制；有的只残留斜坡道，有的甚至面目全非，难以看出当年的繁华。现有遗迹残存可辨的永和镇古码头有古大集渡码头、米巷口码头、丹砂渡码头。据《东昌志》记载，位于桥头村东北的丹砂渡码头乃当年运输青原山瓷土的卸载地[1]。在丹砂渡码头附近发现许多匣钵残片和瓷器碎片，可以想见当年舟帆云集、人声鼎沸装运瓷器的热闹场景。丹砂渡码头现在还在发挥作用，主要是方便附近的居民出行。

有学者研究认为，吉州窑瓷器的销售路径主要有两个：一是顺赣江而下，穿鄱阳湖，经过长江，往北至扬州，往东出上海至明州（今宁波）。二是逆赣江上到赣州，又可分为二路，一路水运至大余，换陆路过梅关至南雄，再水运到广州；另一路沿贡水、锦水经瑞金至福建长汀，沿晋江至泉州。最后，吉州窑瓷器在沿海各港口重新装配，海运至世界各地。

三是揭露的大批宋元时期制瓷遗迹，为研究吉州窑的制瓷工艺流程、窑炉砌造技术以及陶瓷制造工艺提供了基础资料，具有非常重要的考古价值。

窑业技术是陶瓷生产力和陶瓷产业的核心技术体现。通过考古发掘，在陶瓷厂、尹家岭、东昌路A区、东昌路B区、茅庵岭窑址揭露了不同时期的制瓷作坊遗迹，这些淘洗池、练泥池、陈腐池、蓄泥池、擂釉缸等与制坯、拉坯、利坯、施釉有关的遗迹，平面布局清楚，叠压打破关系明晰，功能基本明了。丰富的成组制瓷作坊遗迹，一方面反映了吉州窑的制瓷工序完善齐备，布局合理科学；另一方面也反映了吉州窑生产的繁荣，生产量巨大。通过这些遗迹可以复原吉州窑窑业的生产流程，探索吉州窑的技术特征，反映吉州窑的窑业技术水平。

以所揭示的茅庵岭龙窑遗迹为例。两组结构、大小基本相似的龙窑并排分布在茅庵岭窑址，中间用一道砖墙分隔，每组龙窑都有上下叠压的3条龙窑，每条龙窑由窑前工作区、火膛、窑床、窑门、挡土墙、窑尾等组成，结构清晰完整。两组窑炉均有窑床宽阔、长大，火膛狭小，坡度斜陡等特点。窑前工作区构筑精细，采用窑砖叠砌，最深达5.8米。其中MF37在窑前工作区中间设置渗水井的做法十分独特，为国内龙窑遗存所罕见。窑壁用砖叠砌，室内残留较多匣钵。有的窑炉保留多处窑门，有的火膛落灰槽保留完好。MF30窑床长60、宽1.8～5.55米，MF115窑尾宽达5米，是目前国内发现最宽的、保存最好的龙窑遗迹之一，反映出吉州窑巨大的烧造量，以及窑工高超的窑炉砌造技术和控制火候的烧造技术。两组龙窑遗迹的发现为研究吉州窑的烧造技术和吉州窑窑址窑包的形成提供了新材料，上下叠压明显的窑炉遗迹清晰地展示出吉州窑的瓷业发展过程，对南方地区窑场发展模式的研究有着重要的意义。

此外，茅庵岭龙窑窑前工作区南面一条用窑砖、匣钵、小青砖砌成的三层路面道路遗迹，可能是当时连通制作区、烧造区与储存消费区的重要纽带。各个区域相辅相成，融为一体，反映了吉州窑陶瓷生产的区域面貌。这些遗迹的发现为研究宋元时期吉州窑的制作流程、烧造流程，甚至销售流程提供了重要资料，深化了吉州窑的制瓷文化内涵。

1　边晓玲：《〈永乐东昌志〉点校本》，江西高校出版社，2018年。

通过考古勘探发掘所清理揭露的宋元至明清时期的窑炉、制瓷作坊、民居建筑、街道建筑遗迹，为研究吉州窑的陶瓷制造工艺、永和镇地方建筑工艺乃至区域社会经济发展提供了不可多得的实物资料。尤其是与宋元时期吉州窑制瓷工艺流程相关的瓷泥陈腐、制釉施釉、拉坯、烧造等遗迹，充分揭示了吉州窑的技术和文化特征。

四是出土了大量的瓷器标本，尤其是新品种、新器形填补了吉州窑考古发掘资料的空白，丰富了吉州窑的窑业面貌，完善了吉州窑陶瓷发展史，深化了吉州窑的瓷业文化研究。

出土标本时代不同，种类多样，从用途上可分为瓷窑产品、窑具、工具和生活用品，从质地上可分为瓷器、陶器、铁器、铜器等，其中瓷器的数量占绝大多数。吉州窑瓷器釉色丰富，分为青釉、青白釉、酱釉、酱釉彩绘、黑釉、黑釉彩绘、双色釉、黄釉、绿釉、三彩、白釉、白釉彩绘、青灰釉等。出土瓷器以黑釉最多，充分说明吉州窑是宋元时期黑釉瓷的生产基地。出土瓷器又可分为日常生活用器、文娱陈设用器、建筑用器三类，器形有壶、瓶、罐、盆、钵、碗、高足碗、盏、盘、碟、炉、捶丸、砚台、笔洗、围棋、象棋、筒瓦等。其中不少标本是新发现或者传世未见的。如此前对吉州窑瓷器品种的认识主要集中在黑釉、白釉褐彩、白釉和绿釉器，此次新发现了黄釉、三彩、青灰釉瓷器。又如根据新出土北宋酱釉瓷器标本统一了酱釉瓷器的分类，把青白釉瓷器从原有的乳白釉瓷器中分离出来并明确青白釉的标准，为研究江西地区酱釉、青白釉瓷器窑业技术的发展和传播提供了重要的实物资料。

研究表明，吉州窑始烧于晚唐五代，发展于北宋，南宋进入鼎盛期并延续到元代早期，元代晚期衰落。晚唐五代时期承接赣江下游洪州窑的窑业技术，主要烧造青釉瓷器。五代、北宋时期主要烧造青白釉瓷器。北宋晚期开始烧造酱釉、黑釉、绿釉、黄釉、白釉、三彩瓷器。南宋进入鼎盛期，所烧瓷器品种丰富，除了青釉和青白釉停烧外，白釉、白釉彩绘、黑釉、黑釉彩绘、绿釉、黄釉、酱釉均有烧造，尤其是具有独特风格的黑釉剪纸贴花、木叶纹瓷器大量流行，吉州窑成为黑釉瓷器的生产中心。元代早期承接南宋的风格，主要烧造黑釉和白釉彩绘瓷器，绿釉瓷器大为减少，新增加青灰釉瓷器，白釉彩绘瓷器的质量大为提高，而黑釉瓷器虽然数量没有减少但是质量明显下降，吉州窑成为南方地区彩绘瓷器的烧造基地。元代晚期逐渐衰落，为瓷都景德镇所取代。大量的出土标本，有助于进一步了解吉州窑瓷业烧造发展史，深化对吉州窑文化内涵的研究，也为对吉州窑瓷器进行分期断代提供了基础。

此外，明清时期遗迹和遗物的发现，为研究明清时期吉安地区的人居环境、村落布局、建筑形式以及生存状况，为了解和复原古代吉安地区的政治经济、文化面貌、风俗习惯提供了第一手实物资料，丰富了庐陵文化的内容。保存丰富、具有极高历史和科学价值的古代陶瓷遗迹，提升了吉州窑遗址的价值，为吉州窑考古遗址公园的保护利用提供了基础资料，为公园的展示增添了内容，改变了考古遗址公园展示内容简单、形式单一的局面，提升了吉州窑考古遗址公园的形象，展现了永和瓷业重镇的地位。

I
五代

五代时期是吉州窑的创烧阶段，烧造的产品单一，主要是青釉瓷器，少量烧造青白釉瓷器。

青白釉瓷生产数量有限，不是主流产品。器形单调，主要为日常生活用器，有温碗、执壶、花口碗、厚唇盏等，器物胎质细腻，胎色较浅，多呈白色、灰白色，青白釉釉色灰暗。器物的制作较为精致，为同时期的高端产品。

青釉瓷器器形较多，有执壶、盘口壶、罐、双系罐、碗、盏、盘、碟、器盖、碾槽、碾轮等，执壶的样式可以分为侈口、盘口、喇叭口，壶罐类底足多为圆饼足内凹，碗盏类多为圆饼足和圈足，有的足底存细沙。器物采用拉坯成型，壶罐类内壁见规则的拉坯痕，外腹壁见较为明显的修坯痕。器物施釉单一，采取蘸釉法。多数器物施釉不及底足，釉层不均匀，釉面较涩。釉色不稳定，呈色较深，多呈青褐、褐黄、酱褐、青黄色。流釉明显，部分器物外腹壁下部可见一周积釉痕。器物胎骨厚重，质地粗糙，胎色较深较杂，多为黑色、深灰色，也有灰褐色、紫褐色、

50

灰泛紫色，甚至有灰红色、砖红色、紫红色。装饰简单，只见弦纹类。部分瓷器外腹壁至底足露胎处刷有一层紫红色护胎浆，如五代青釉盘口执壶（2012DF99：175），当为美观作用。经询问当地窑场的老工人，所刷护胎浆一般是利用制瓷过程中拉坯、修坯产生的剩料、废料。这种做法也见于江西南昌高荣墓出土的三国洪州窑褐釉盘口壶。宋代以后吉州窑的黑釉盏常见此做法。

考古没有发现五代时期的吉州窑窑炉，但是根据吉州窑所处的区位以及五代以后吉州窑窑炉情况，推测其时应是采用南方常见的、吉州窑历来采用的龙窑窑炉烧造。发现的窑具主要有高矮的支座和泥块。青釉瓷器主要采用多件产品明火叠置裸烧的方式，坯件之间使用瓷土泥块间隔，在器物的内底和外足沿留有4～8个支烧痕。碗盘类多数是将大小相同的器物套烧，也有与执壶套烧的，如2012年吉州窑东昌路窑址出土的执壶和碗粘连在一起（2012DF99：176），这样可以充分利用窑炉的内部空间。这种装烧方法不仅

与江西丰城洪州窑晚唐五代的同类器相同，还与浙江越窑晚唐五代的同类器相类同，究其技术渊源应是来自赣江下游的洪州窑。

少量青釉瓷器与青白釉瓷器一样，采用一件匣钵装烧一件器物的形式，但是器物与匣钵之间，青白釉瓷器采用垫圈间隔，而青釉瓷器仍旧采用瓷土泥块间隔。

1-1-1
五代青釉侈口执壶

2012DF99 ： 173
口径 7.2、足径 7.8、高 23 厘米
2012 年吉州窑东昌路窑址出土

已修复。厚唇，侈口，斜直颈，颈肩交界明显，圆溜肩，弧鼓腹，上部外鼓，下部内弧收至底，圆饼足。肩部置短直流，流短小，流口低于壶口，对应处置执柄，柄缺失；两侧塑对称竖向半环状扁平系。下腹局部粘存窑渣。青釉，釉泛酱褐色，内仅口沿施釉，外施釉至下腹部。灰褐胎，胎质较粗。

1–1–2
五代青釉喇叭口执壶

2007 老街 T2 ⑧ : 214

足径 7.5、残高 16.2 厘米

2007 年吉州窑老街窑址出土

口沿和执柄缺失。长直颈，圆溜肩，弧腹，圆饼足内凹。肩部置圆管状长弧流，流口低于壶口，对应处置扁平状执柄。足底粘存细沙。青釉，釉泛褐色，内施釉至颈部，外施釉至下腹部，流釉明显，下腹施釉线一周积釉明显。灰胎泛紫红色，胎体疏松。

1-1-3
五代青釉喇叭口执壶

2012DT12 ⑥ : 41

口径 6.4、底径 4.4、高 14 厘米

2012 年吉州窑东昌路窑址出土

已修复。圆唇，喇叭状口颈，溜肩，弧鼓腹，平底。肩部置圆管状短流，对应处塑扁平状执柄。外腹壁见明显修坯痕。青釉，釉泛褐色，内仅口沿施釉，外施釉至腹中部。砖红色胎，胎质较粗。

1-1-4
五代青釉盘口执壶

2012D 采：21

足径 7.6、残高 14.6 厘米

2012 年吉州窑东昌路窑址采集

口沿和执柄缺失。盘口，束颈，溜肩，弧鼓腹，圆饼足内凹。肩部置圆管状短流和执柄，两侧置对称竖向半环状系。肩腹交界处有一周凹弦纹。外腹壁可见修坯痕，外底足边缘有五个支烧痕。青釉，釉泛黄青色，内仅口沿施釉，外施釉近底，釉层剥落严重。灰红胎，胎质较粗。

1-1-5
五代青釉盘口执壶

2012DT15 ① : 69

口径 8.4、足径 7.2、高 19.4 厘米

2012 年吉州窑东昌路窑址出土

已修复，口部变形。盘口，
细长束颈，弧鼓腹，圆饼足
内凹。肩部置短流和扁平状
执柄，柄面刻划三道凹弦纹，
两侧置对称竖向扁平半环状
系，系下饰一周凹弦纹。青
釉，釉泛褐色，内仅口沿施
釉，外施釉至下腹部，局部
釉层剥落。青灰胎泛红色，
胎质较粗。

1-1-6
五代青釉盘口执壶

2012DF99：175

足径4、残高10厘米

2012年吉州窑东昌路窑址出土

口沿和流缺失。束颈，溜肩，弧鼓腹，圆饼足。肩部置流和扁平状执柄，两侧塑对称竖向半环状系。外底足四个支烧痕。青釉，釉泛褐色，内仅口沿施釉，外施釉近底，釉层较厚。外腹壁至外底足露胎处刷一层紫红色护胎浆。深灰胎，胎质粗疏。

1-1-7
五代青釉圈足碗

2012DF99：166

口径 17.8、足径 6.8、高 5.9 厘米

2012 年吉州窑东昌路窑址出土

已修复。圆唇，侈口，斜弧腹壁，内底宽平，圈足较矮。内底边缘和圈足足端分别有六个条形支烧痕。外腹部粘存碗口残片。青釉，釉泛褐黄色，局部釉面窑变泛灰白色，内满釉，外施釉近底。紫褐胎，胎质较粗。

1-2-1
五代碾轮

2012D 采：57

直径 13、厚 3 厘米

2012 年吉州窑东昌路窑址采集

完整。实心圆饼状，中有一圆孔，
中部厚，边缘薄。灰胎泛紫色，
胎体坚硬。

1-3-1
五代喇叭形支座

2012DT12 ⑥：27

顶面直径 10、高 13.4 厘米

2012 年吉州窑东昌路窑址出土

可修复。空心喇叭状，顶部平坦粘沙，中间有一圆孔。灰黄色胎，近底部泛黄色，应为置放窑床沙底所致，胎体疏松。

1-3-2
五代青釉瓷器装烧标本

2012DF99：176

碗足径 7 厘米，通高 13.4 厘米

2012 年吉州窑东昌路窑址出土

执壶和碗粘连一起，碗外壁粘
存其他器物残片。执壶圆唇，
喇叭状口，束颈，弧肩，弧腹壁，
平底内凹；肩部塑圆管状流，
对应颈肩处塑执柄，两侧置对
称竖向半环状系。碗口沿变形，
斜弧腹壁，圈足。釉泛青褐色，
执壶内口沿施釉、外施釉至下
腹部，碗内满釉、外施釉至下
腹部。灰褐胎，胎质粗疏。

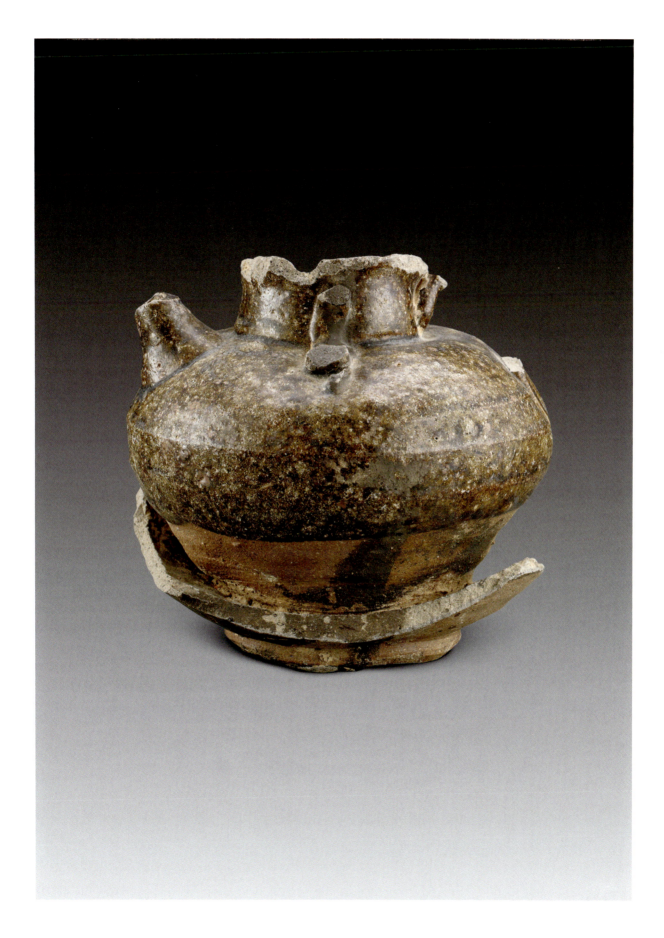

II
北宋

得益于国家的统一和繁荣，北宋时期是吉州窑的大发展时期。吉州窑工匠为了更好适应、开拓市场，充分吸收南北瓷窑的优秀制瓷技艺，海纳百川，勇于进取，逐渐减少原有较为粗糙的青瓷烧造，新增加酱釉、黑釉、白釉以及低温釉瓷器品种，形成了品类丰富的窑业格局。

北宋时期的吉州窑在五代的基础上增加了青白釉瓷器生产的比重，拓展了器物类型，不仅有执壶、弦纹罐、小罐、暗圈足钵、注碗、厚唇碗、

花口碗、瓜棱碗、器盖、六方枕、狮座枕等日常用器，还有酒台、折腹盏、花口盏、瓜棱盏、盏托、杯等茶酒器和莲瓣纹炉、狮形熏炉盖、弦纹盒、粉盒等香器，以及点彩狮、狗等文玩用具。碗盏类造型常见花口、瓜棱、折腹。部分器物外腹壁露胎处见明显的跳刀痕和修坯痕。这一阶段的青白釉瓷器不重视装饰，以点彩为主，偶见手捏、镂空、刻划花纹饰，纹样主要是莲瓣纹、弦纹。与吉州窑最具特色的黑釉瓷器相比，青白釉瓷器胎质坚致细腻，胎色呈白色或灰白、黄白色，瓷胎淘洗精细，陈腐时间长，烧造温度较高。釉色延续五代的青白偏灰色，部分器物釉面玻璃光泽较强，多数釉面较涩。与同时期景德镇窑的青白釉瓷器相比，胎质和釉色略显粗糙，少数高档产品可与景德镇窑相媲美。

新增酱釉瓷生产，器形有喇叭口执壶、盘口执壶、瓶、八棱瓶、罐、束颈罐、碗、圈足炉、急须、小平底灯盏，造型多圈足。由于黑釉和酱釉瓷的器物造型、釉色特征比较接近，早前

常常把酱釉瓷混在黑釉瓷中，形成酱釉、黑釉不分的状况。两者区别主要有几点：一是酱釉瓷胎体较薄，黑釉瓷较厚。二是酱釉瓷胎质细腻，较白、较细，呈灰白、灰以及黄白色；黑釉瓷胎质较粗，呈灰色为多。三是酱釉瓷器釉层较薄，釉泛黄褐色，釉面玻璃质感较强；黑釉瓷釉层较厚，釉面玻璃质感较弱。这应该是釉的配方不同所造成的。

受饮茶和斗茶社会风俗的影响，黑釉瓷倍受宋人的推崇。吉州窑也不甘落后，自北宋中晚期开始烧造黑釉瓷。黑釉瓷应该是在酱釉瓷的基础上发展起来的，目前所见最早的吉州窑黑釉纪年瓷器是江西省博物馆藏江西永新三门前村北宋嘉祐五年（1060年）刘沆夫妇合葬墓出土的黑釉盒（见江西省文物管理委员会《江西永新北宋刘沆墓发掘报告》，《考古》1964年第11期，原文称小罐）。其时黑釉瓷产品造型繁多，器形有敛口执壶、喇叭口执壶、盘口执壶、束颈罐、壶形砚滴、撇口碗、撇口盏、盏托、莲瓣炉、枕、腰鼓、狗等，以执壶、碗、盏为主。黑釉瓷器胎质分为两类，一类较为粗糙，胎色较深，呈深灰色、灰色；一类与酱釉瓷器比较接近，较为细腻，胎体较薄，胎色较浅，以灰白、灰白泛红色为主。釉层虽然较薄，但釉面的玻璃光泽较强，多数釉泛酱黑色。不少器物外腹壁下部釉层较薄，釉泛酱色，为二次施釉的结果。当是先在坯上施一层富铁底色釉，再罩一层黑釉，目的是遮盖浅淡的胎色和粗糙的胎面。北宋时期的黑釉瓷几乎没有装饰，多为纯黑的素天目釉，仅见手捏、镂空、堆贴技法，纹样见莲花纹。

白釉瓷器数量不多，器形有双系执壶、折腹钵、侈口盏、唇口盏、折腹盘。白釉釉层较薄，很不均匀，部分出现泪痕，釉泛黄色。胎质较粗，呈现灰色、灰白色、灰泛红色。

在黑釉、白釉的基础上生产少量的双色釉瓷器，器形有黑釉白覆轮碗、盏。采用内壁满施黑釉、外壁不及底施黑釉，然后口沿刮釉再填涂白釉的工序。

低温釉瓷器品种多样，有绿釉、黄釉、三彩。黄釉瓷器有长颈瓶、瓶盖、莲瓣纹炉、圈足炉、长方形束腰枕等。绿釉瓷器有壶、长颈瓶、罐、盆、钵、撇口碗、花口碗、盘、菊瓣碟、折沿洗、盏托、莲瓣炉、腰圆形枕、八边形枕。在低温绿釉、黄釉的基础上生产盆、枕等三彩瓷器。装饰技法有划花、刻花、篦划、戳印、印花、贴塑等，纹样有弦纹、莲瓣纹、波浪纹、圈点纹、四方形朵花纹、六方形朵花纹、折枝菊瓣纹、折枝莲花荷叶纹、缠枝牡丹纹等。低温釉瓷器胎质疏松，以灰白胎为主，也有灰白泛红色胎或灰红色胎，少量胎质坚致，多有剥釉和泛银现象。

器物的装烧主要采用一件匣钵装烧一件坯件的方式，少量采用一件匣钵装烧多件器物的方式。匣钵分为漏斗状和圆筒状两种，多数品种坯件与匣钵之间采用圆环状垫圈间隔。绿釉、黄釉、三彩等低温瓷器，则采用圆锥状、柱状、方块等紫红色间隔具，多在器物底足留有垫烧痕，在枕类器物侧面留存紫红色支烧痕，独具特色，且其烧造采用两次烧成的方法，即先素烧，再在器物表面施一层釉，最后入窑烧成。

2-1-1
北宋青白釉弦纹罐

2012DF100：142

口径 11.8、足径 10.8、高 8 厘米

2012 年吉州窑东昌路窑址出土

已修复。敛口，厚唇，直颈，颈肩分界明显，垂腹，内底上凸，卧足。外腹满饰弦纹。外底中间和边缘分别粘存垫饼、匣钵残片。内外满施青白釉，仅外底足露胎，釉面玻璃光泽较强。白胎，胎质较细。

2-1-2
北宋青白釉暗圈足钵

2012DF100 ： 114
口径 16.8、足径 7.6、高 6.2 厘米
2012 年吉州窑东昌路窑址出土

已修复。方唇，侈口，斜弧腹壁，暗圈足。青白釉，口沿施釉，外施釉不及底足。灰白胎，胎体较厚。

2-1-3
北宋青白釉厚唇碗

2006BF8 ： 406
口径 17.4、足径 5.6、高 6.2 厘米
2006 年吉州窑本觉寺塔南侧窑址出土

可修复。厚唇，侈口，腹壁斜弧，内
底窄平下凹，圈足浅挖。外腹壁露胎
处见明显的跳刀痕。青白釉，内满釉，
外施釉至下腹部。白胎。

2-1-4
北宋青白釉花口碗

2012DF99：151

口径 18、足径 6.8、高 6.8 厘米

2012 年吉州窑东昌路窑址出土

已修复。十缺花口，腹壁斜弧，外壁与花口对应处压印十道凹槽，内底平坦，矮圈足。内底与腹壁交界处有一周凹弦纹。青白釉，釉泛灰黄色，内满釉，外施釉及底。白胎泛灰色，胎质较细腻。

2-1-5
北宋青白釉花口碗

2006BF8：453
口径 18、足径 6.8、高 6.8 厘米
2006 年吉州窑本觉寺塔南窑址出土

可修复。六缺花口，腹壁斜弧，
外壁与花口对应处压印六道凹
槽，内底宽平，矮圈足。内底
与腹壁交界处有一周凹弦纹。
青白釉，釉泛灰色，内满釉，
外施釉不及底。白胎泛黄色。

2-1-6
北宋青白釉折腹盏

2012DF100：115

口径 11.2、足径 6、高 4.6 厘米

2012 年吉州窑东昌路窑址出土

已修复。圆唇，敞口，斜直腹壁，腹下部内折，内底平坦，矮圈足，足墙端正。青白釉，内满釉，外施釉至足。灰白胎，胎质较细密。

2-1-7
北宋青白釉花口盏

2012DF100：104
口径 8.6、足径 3.2、高 3.6 厘米
2012 年吉州窑东昌路窑址出土

已修复。六缺花口，口沿外撇，斜弧腹壁，外壁与花口对应处压印六道凹槽，矮圈足。外腹壁见明显修坯痕。青白釉，内满釉，外施釉不及底。白胎泛灰色。

2-1-8
北宋青白釉酒台

2006 Ⅱ T2338 ⑥：2168
口径 12.8、足径 7.2、高 3.3 厘米
2006 年吉州窑猪婆石岭窑址出土

可修复。尖圆唇，平折沿，折腹，
腹壁较直，圈足。足沿外壁有两周
凹弦纹。内底中心窄平下凹置托
台，托台残。青白釉，内满釉，外
施釉至足。白胎，胎体细腻。

2-1-9
北宋青白釉弦纹盒

2012D 采：13

口径 10.8、足径 4.6、高 5.7 厘米

2012 年吉州窑东昌路窑址采集

已修复。子口内敛，腹壁较直，矮圈足。腹部饰
四周凹弦纹。内壁见明显拉坯痕。青白釉，釉泛
灰色，口沿露胎不施釉，内满釉，外施釉近底。
灰白胎，泛紫红色。

2-1-10
北宋青白釉点彩盒盖

2012DT13 ② ： 40

口径 6、通高 3.3 厘米

2012 年吉州窑东昌路窑址出土

可修复。方唇，直口，盖面弧隆，盖壁直，盖顶中间置石榴状纽。盖顶饰四块褐斑，纽点褐彩。盖面施青白釉，釉透亮。灰白胎。

2-1-11
北宋青白釉划莲瓣纹炉

2012DT15 ① : 58
口径 7.2、足径 4.4、高 9.2 厘米
2012 年吉州窑东昌路窑址出土

已修复。圆唇，撇口，微束颈，弧鼓
腹，圆饼足较高。外腹壁划一周仰莲
瓣纹。青白釉，釉泛灰色，口沿施釉，
外施釉不及底。灰白胎，胎体细腻。

2-1-12
北宋青白釉狮形熏炉盖

2012DF100：130

盖径 7.9、通高 10.5 厘米

2012 年吉州窑东昌路窑址出土

已修复。隆起平坦的盖顶塑一蹲狮，狮头右倾，狮口大张，左前脚踏圆球，狮尾上翘紧贴背部，尾部和背部划竖线狮毛纹。外施青白釉，内露胎不施釉。灰白胎，胎质细腻。

该狮子塑像与 1964 年安徽宿松北宋元祐二年（1087 年）石室墓出土的北宋吉州窑绿釉狮子出香熏炉的狮子（安徽省博物馆藏，见首都博物馆编《中国记忆——五千年文明瑰宝》，文物出版社，2008 年）类同，推测应属于一类青白釉的出香熏炉。此类出香熏炉应该就是徐兢《宣和奉使高丽图经》所云的"狻猊出香"（徐兢《宣和奉使高丽图经》卷三二"陶炉"条云"狻猊出香，亦翡色也，上有蹲兽，下有仰莲以承之，诸器惟此物最精之"）。

2–1–13
北宋青白釉点彩六方枕

2012DT12 ③：23

最长 19.2 厘米

2012 年吉州窑东昌路窑址出土

存枕面。六方形，枕面平坦，枕墙内收。枕面边沿划两组由三根线条组成的六边形，边缘点褐彩，中间褐色点绘一朵、三朵、二朵三排栀子花。墙面点褐彩，纹样不全。外施青白釉，釉泛灰黄色。灰白胎。

该枕与江西高安出土的褐彩梅花纹镂空扇形瓷枕（见杨道以《江西高安市南门村出土一件宋代瓷枕》，《考古》1997 年第 3 期）高度相似。

2-1-14
北宋青白釉点彩狮座枕

2012DF99：161

通高 11.5 厘米

2012 年吉州窑东昌路窑址出土

可修复。枕面呈如意状，前低后高中间下凹，底部承一卧状空心狮子。狮头右撇，双目圆睁，狮尾右甩，鬃毛纹理清晰，眉毛、尾巴及狮身背面施褐色点彩。通体施青白釉，底部露胎。黄白胎，胎质较细。

0   2厘米

2-1-15
北宋青白釉点彩狮

2016MT3120 ① b：1

通高 5.1 厘米

2016 年吉州窑茅庵岭窑址出土

狮体压塌变形。狮子怒目露齿，舌头外吐，背部饰鬃毛，狮尾上翘。耳朵、眉毛及背部饰褐色点彩。底面粘存垫圈。除底部外满施青白釉，釉泛灰色。灰胎，胎体略粗。

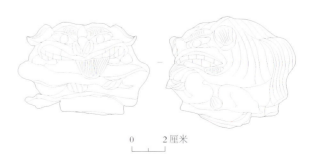

0   2 厘米

2-1-16
北宋青白釉狗

2012DT12 ① : 97

通高 4.3 厘米

2012 年吉州窑东昌路窑址出土

已修复。狗四足站立，头左撇，大嘴，
圆眼，右耳粘存窑渣，尾巴上翘至颈
部。尾部褐色点彩。施青白釉至腿部，
釉层不均。灰白胎，胎质细密。

2-2-1
北宋绿釉印花撇口碗

2012DF32 ： 41

口径 17、足径 6、高 6.2 厘米

2012 年吉州窑东昌路窑址出土

已修复。尖圆唇，撇口，斜弧腹壁，内底圆弧，圈足较高。外腹中部一周四弦纹。内壁印缠枝牡丹纹，内底为折枝菊瓣纹。绿釉，内满釉，外施釉至下腹部。灰白胎，泛红色。

2-2-2
北宋绿釉花口碗

2016MF39 ④ ： 31

口径 19.2、足径 6.6、高 5.5 厘米

2016 年吉州窑茅庵岭窑址出土

已修复。五缺花口，斜弧腹壁，内底圆弧，圈足。内口沿下一周弦纹内刻划折枝莲花荷叶纹。绿釉，内满釉，外施釉至下腹部，釉面光亮。灰红胎，胎体疏松。

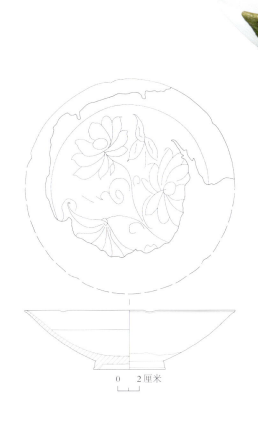

0   2厘米

2-2-3
北宋绿釉菊瓣碟

2016Y 采：291

口径 11、足径 4.5、高 2.5 厘米

2016 年吉州窑窑门岭南面窑址采集

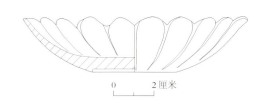

0　　　2 厘米

可修复。花瓣口，腹呈二十瓣菊瓣状，卧足。绿釉，内满釉，外施釉至下腹部，釉面侵蚀严重。灰红胎，胎质较粗。

该器造型与内底模印纹样风格与江西德安北宋熙宁八年（1075 年）王韶夫人杨氏墓出土的绿釉盘（江西省博物馆藏，见陈柏泉《吉州窑烧瓷历史初探》，《中国陶瓷》1982 年第 7 期）一致。

2-2-4
北宋绿釉折沿洗

2012DT12②：113

口径 7.6、足径 3、高 2.8 厘米

2012 年吉州窑东昌路窑址出土

已修复。圆唇，平折沿，直腹壁，内底宽平，圈足。外底足见修坯痕。绿釉，内满釉，外施釉至底，釉面侵蚀严重，有返铅现象。灰胎泛红色。

2-2-5
北宋绿釉莲瓣炉

2012DT3 ③：20

残高 12.8 厘米

2012 年吉州窑东昌路窑址出土

存下腹及底足部分。下腹壁近底贴塑仰覆莲瓣纹，高圈足底座把柄中间有一周凸棱。外满施绿釉，釉面玻璃光泽较强。灰白胎，胎体疏松。

2-2-6
北宋绿釉腰圆形枕

2012DT12 ③：36

枕面长 19.5、宽 12.9、高 9.2 厘米

2012 年吉州窑东昌路窑址出土

已修复。腰圆形。枕面边缘两道弦纹之间戳印圈点纹，弦纹内篦划疏朗波浪纹。枕墙上端两周弦纹下戳印圈点纹。枕墙中间有一气孔。外施绿釉。外底露灰白泛红色胎，胎体疏松。

2-2-7
北宋绿釉印花八边形枕

2019MT3419 ⑤ ：13
最长 41.5、最宽 19.2、高 9.5～12 厘米
2019 年吉州窑茅庵岭窑址出土

可修复。八边形枕，枕面缺失。前后枕墙
分别模印六方形朵花纹，两侧墙面分别模
印四方形朵花纹。两侧面留存紫红色支烧
痕。外施绿釉，底部露胎。灰白胎，泛浅
红色。

该枕与安徽黄山北宋宣和三年（1121年）沈格夫妇合葬墓出土的两件吉州窑绿釉枕（黄山市博物馆藏，见程先通《安徽黄山发现宋墓》，《考古》1997年第3期）高度类似。造型、大小与东室墓出土绿釉枕类同：东室墓绿釉枕长41.5、宽19、前高9.3、后背高12.5厘米，呈长八角八棱形，腹空，中央略作凹形。枕面中间刻有荷叶纹，八个侧面刻有花朵纹和波浪纹。纹样与西室墓出土绿釉枕类同，均为模印方格纹：西室墓绿釉枕前高8.8、后高11、长38、宽17.3厘米，枕面饰蕉叶纹，侧面模印凸方格纹，线条流畅，布局均衡，底部戳印"真郭家枕"长方形印。

89

2-3-1
北宋黄釉长颈瓶

2012DT6 ① ： 32

足径 5.6、残高 10.5 厘米

2012 年吉州窑东昌路窑址出土

口部缺失。细长颈，弧鼓腹，圈足。
外壁见修坯痕。外施黄釉近底，釉面
莹润。灰白胎。

2-3-2
北宋黄釉瓶盖

2012DT12 ④：59

盖径 4.6、通高 1.6 厘米

2012 年吉州窑东昌路窑址出土

可修复。盖沿外卷，顶面宽平下凹，
中心设圆锥状纽，有两处穿孔。盖底
留存支烧痕。盖面施黄釉，釉面光亮。
灰胎泛红色。

2-3-3
北宋黄釉莲瓣纹炉

2012DT12 ② ：41

残高 6.4 厘米

2012 年吉州窑东昌路窑址出土

口部和底足缺失。腹壁斜直。外腹近
底处塑仰莲瓣纹。外施黄釉。灰白胎，
胎体疏松。

2-3-4
北宋黄釉圈足炉

2012DT14 ① ： 27

足径 8、残高 7 厘米

2012 年吉州窑东昌路窑址出土

存圈足底部。圆筒状圈足，把柄中间有一周凸棱。外施黄釉不及足端，釉面局部剥落。白胎，胎体疏松。

2-3-5
北宋黄釉长方形束腰枕

2012DT12 ④：58

残长 14.1 厘米

2012 年吉州窑东昌路窑址出土

存枕面部分。束腰长方形。枕面边缘
三道凹弦纹内篦划缠枝牡丹纹。外施
黄釉，釉层较薄。灰白胎。

2-4-1
北宋三彩盆

2019MT2920 ① ： 2
直径 29、厚 1.3 厘米
2019 年吉州窑茅庵岭窑址出土

存底足部分。平底。内底边缘存紫红色支烧痕，外底见修坯痕。平坦内底上先剔刻折枝牡丹纹，然后涂施三彩釉，花朵黄色，叶边缘、枝梗以及底部外围绿色，其余淡绿色。灰胎。

2-4-2

北宋三彩叶形枕

2012DT12 ④：62

枕面最长 24、最宽 20、通高 14 厘米

2012 年吉州窑东昌路窑址出土

已修复。枕面呈荷叶形，边缘三周弦纹组成的开光内篦划折枝牡丹纹。叶形枕面底承椭圆形空心底座，底座全封闭，壁四周划覆莲瓣纹。枕面施绿釉，背面以及底座满施酱釉。外底面中间露灰白胎。

2-5-1
北宋酱釉执壶

2016Y 采：62
口径 2.4、足径 2.8、高 7.2 厘米
2016 年吉州窑窑门岭南面窑址采集

流和柄均残。侈口，束颈，弧鼓腹，
矮圈足。腹部一侧粘存瓷片，外腹壁
见修坯痕。酱釉，釉泛黄色，内仅口
沿施釉，外施釉不及底，釉层较薄。
灰白胎，胎质较粗。

2-5-2
北宋酱釉盘口执壶

2012DF28 ： 4
口径 5、足径 5、高 8.2 厘米
2012 年吉州窑东昌路窑址出土

已修复。盘口，束颈，溜肩，弧鼓腹，腹壁近底内折，圈足。颈肩部置管状流和扁平执柄，两侧置对称竖向扁平半环状系。足底存黑色垫圈痕。酱釉，釉泛黄色，内施釉至颈部，外施釉至底。灰黄胎。

2-5-3
北宋酱釉急须

2012D 采：49
口径 9.2、底径 8.2、高 18.4 厘米
2012 年吉州窑东昌路窑址采集

已修复。圆唇，敛口，束颈，弧肩，腹部中间圆鼓，斜弧内收至平底。肩部附一圆管状短直流，与其呈直角处设一竹节状空心柄。酱釉，口沿施釉，外施釉至底，釉面玻璃光泽不强。灰红胎。

2-5-4
北宋酱釉敛口执壶

2012DT23 ⑪：38

口径 6.2、足径 6.8、高 9.8 厘米

2012 年吉州窑东昌路窑址出土

可修复。生烧。方唇，敛口，斜直颈，肩部斜直至腹部折收，腹壁微弧，暗圈足。肩部置管状流和扁平执柄，柄残，流口高于壶口沿。酱釉，口部施釉，外施釉至底，釉色不显。灰胎泛红色。

2-6-1
北宋黑釉执壶

2012DT12 ③：40
口径 9.2、足径 7.4、高 18 厘米
2012 年吉州窑东昌路窑址出土

已修复。圆唇，喇叭口，束颈，斜直肩至腹部折收，腹壁较直，下腹内收，圈足。肩部一侧置圆管状长流，对应一侧颈肩处塑扁平状执柄。黑釉，釉泛酱色，口部施釉，外施釉近底。灰白胎。

2-6-2
北宋黑釉盘口执壶

2012DT12 ⑥：74

口径 5、足径 5、高 11 厘米

2012 年吉州窑东昌路窑址出土

可修复。盘口，束颈，溜肩，弧腹壁，圈足。肩部对称置圆管状流和扁平状执柄，流口低于壶口沿，两侧塑对称竖向半环状泥条系。颈肩部有一周凸棱。黑釉，釉呈酱黑色，内施釉至颈部，外施釉近底。灰白胎。

2-6-3
北宋黑釉盘口执壶

2012DT12 ⑥ ：39
口径 5、足径 5.6、高 10.1 厘米
2012 年吉州窑东昌路窑址出土

已修复。盘口，束颈，溜肩，弧腹壁，圈足。肩
部置圆管状流，流口低于壶口沿，对应一侧颈肩
处塑扁平状执柄，两侧塑对称竖向半环状泥条系。
颈肩部有一周凸棱。黑釉，内施釉至颈部，外施
釉近底，欠烧，釉呈茶叶末色。灰白胎。

此执壶与北宋黑釉盘口执壶（2012DT12⑥：74）
造型、胎质基本一致，只是釉色不同。

103

2-6-4
北宋黑釉束颈罐

2012DT21 ① ： 23

口径 7.4、足径 6、高 10.2 厘米

2012 年吉州窑东昌路窑址出土

可修复。厚唇，侈口，束颈，弧腹壁，
圈足，足墙外斜。黑釉，釉泛酱黑色，
口沿施釉，外施釉不及底。灰白胎。

2-6-5
北宋黑釉撇口碗

2012DT23 ⑪：17
口径 20、足径 6.2、高 9 厘米
2012 年吉州窑东昌路窑址出土

已修复。圆唇，撇口，斜弧腹壁，内底圆弧，高圈足。黑釉，内满釉，外施釉不及底，釉面玻璃光泽较强，外腹壁下部釉层较薄，釉泛酱色，为二次施釉形成。灰白胎。

2-6-6
北宋黑釉撇口盏

2019MT3421 ④：3
口径 11、足径 3.6、高 4.8 厘米
2019 年吉州窑茅庵岭窑址出土

可修复。圆唇，撇口，斜弧腹壁，内底圆弧，
圈足较高。外腹壁见修坯痕。黑釉，内满釉，
外施釉及底，外腹壁下部釉层较薄，釉泛
酱黑色，为二次施釉形成。灰白胎。

2-6-7
北宋黑釉盏托

2012DT12 ⑥：45

残高 4 厘米

2012 年吉州窑东昌路窑址出土

盏口部和托盘圈足缺失。托盘圆唇，侈口，浅腹，圈足。托盘内置托盏，腹壁斜直，平底。外底足留存垫烧痕。内外满施黑釉。圈足内无釉，露灰白胎。

2-6-8
北宋黑釉壶形砚滴

2012DT12 ⑥：38

足径 4.2、通高 8.3 厘米

2012 年吉州窑东昌路窑址出土

把柄缺失。砚滴呈壶状，顶部封闭贴
一朵六瓣花，溜肩，弧腹壁，圈足。
肩腹处一侧置弯曲圆管状长流，对应
处置扁平执柄，执柄右侧有一小圆孔。
外施黑釉不及底，釉面玻璃光泽较强。
灰白胎，胎体细腻。

2-6-9
北宋黑釉莲瓣炉

2012DT12 ② ： 128
口径 11.2、足径 7、高 10 厘米
2012 年吉州窑东昌路窑址出土

已修复。圆唇，撇口，直腹壁，下腹部贴塑两层仰莲瓣纹，下承塔式底座，把柄中间有一周凸棱。黑釉，内仅口沿施釉，外施釉至足上部，釉面光亮。灰白胎，胎质细密。

该黑釉炉与北宋黄釉莲瓣纹炉（2012DT12 ② ： 41）的造型、装饰几乎一致，只是釉色不同。

2-6-10
北宋黑釉枕

2012DT12 ⑥：43

最长 24.4、通高 11.4 厘米

2012 年吉州窑东昌路窑址出土

已修复。生烧。枕面呈叶状，中间下凹，两侧上翘，前后枕边下折。枕面下承中空封闭底座，前墙中间有一圆形气孔。黑釉，釉泛酱黑色，枕面满施釉，外施釉至底。灰胎。

2-6-11
北宋黑釉狗

2016MF96 ② ： 4

通高 5.8 厘米

2016 年吉州窑茅庵岭窑址出土

已修复。狗四脚站立,头昂首向右侧视,嘴前伸作吠状,尾巴上卷至背部。外施黑釉至腿上部,釉泛黑酱色。灰白胎。

该黑釉狗与北宋青白釉狗（2012DT12 ① ：97 ）的造型、制作手法风格一致,只是釉色不同。

2-7-1
北宋白釉双系执壶

2012DT12 ⑥ ：66

口径 7.4、足径 7.6、高 22.6 厘米

2012 年吉州窑东昌路窑址出土

把柄、流缺失。卷沿，侈口，直颈，溜肩，弧腹壁，圈足。肩部置流，对应一侧颈肩处置扁平状执柄，两侧塑对称竖向半环状系。白釉，内仅口沿施釉，外施釉近底，釉面玻化较差。灰胎泛红。

2-7-2
北宋白釉折腹钵

2012DT12 ② : 79
口径 25、底径 6.4、高 12 厘米
2012 年吉州窑东昌路窑址出土

已修复。厚唇、侈口、束颈、斜直肩、折腹，腹壁下部斜直内收，内底窄平下凹，小平底。白釉，釉泛黄色，内满釉，外施釉至腹中部，釉层较薄。灰胎，胎质较粗。

该器与江西省星子县北宋建中靖国元年（1101 年）胡仲雅墓出土青白釉折肩钵（江西省博物馆藏，见《星子县北宋建中靖国元年墓》，江西省博物馆编著《江西宋代纪年墓与纪年青白瓷》，文物出版社，2016 年）相似，特别是露胎处修坯痕明显、釉色青黄发木等特征相同。

2-7-3
北宋白釉侈口盏

2012DT12 ⑥：57

口径 12.8、足径 3.2、高 6.2 厘米

2012 年吉州窑东昌路窑址出土

可修复。厚唇，侈口，斜弧腹壁，内底圆弧，高圈足。白釉，釉泛黄色，内满釉，外施釉至下腹部。灰白胎。

2-7-4

北宋白釉唇口盏

2012DT12 ① : 84

口径 8.4、足径 4、高 3.3 厘米

2012 年吉州窑东昌路窑址出土

基本完整。厚唇，敞口，斜弧腹壁，
内底圆弧，矮圈足。白釉，内满釉，
外施釉至中腹部。灰白胎，胎体致密。

2-7-5
北宋白釉折腹盘

2012DT12 ② ：68
口径 12.9、足径 5.4、高 4 厘米
2012 年吉州窑东昌路窑址出土

腹部变形。圆唇，撇口，腹部斜折，
内底宽平，圈足较高。白釉，釉泛黄色，
内满釉，外施釉至下腹部。灰白胎。

2-8-1
北宋黑釉白覆轮碗

2019MF127 ： 4
口径 15、足径 5、高 6.8 厘米
2019 年吉州窑茅庵岭窑址出土

可修复。圆唇，侈口，弧腹壁，内底
圆弧，圈足较高。内满施黑釉；外施
黑釉不及底，腹壁下部釉层较薄，釉
泛酱色，为二次施釉形成；口沿一周
白釉。釉层的制作应是先施黑釉，口
沿刮釉后再填涂白釉。灰胎。

2-8-2
北宋黑釉白覆轮盏

2012DT12 ① ： 62

口径 10.4、足径 3.4、高 4.8 厘米

2012 年吉州窑东昌路窑址出土

可修复。侈口，尖圆唇，弧腹壁，圈足。
内满施黑釉，外施黑釉不及底，釉面
玻璃光泽较强，外腹壁下部釉层较薄，
釉泛酱色，为二次施釉形成；口沿一
周白釉。灰白胎，胎质细密。

2-9-1
北宋素胎花口盏

2016 尹家祠堂采：8
口径 9.2、足径 3.6、高 5.6 厘米
2016 年吉州窑尹家祠堂窑址采集

可修复。六缺花口，口沿外撇，深弧腹，外腹壁与花口对应处压印六道纵向凹槽，内底宽平，高圈足，足墙较直。灰胎。

2-9-2
北宋素胎菊瓣碟

2016Y 采：47
口径 11、足径 4.5、高 2.5 厘米
2016 年吉州窑遗址窑门岭窑址南侧采集

可修复。二十出花口，腹部二十瓣与花口对应，卧足。灰白胎，胎质较粗。

此菊瓣碟与北宋绿釉菊瓣碟（2016Y 采：291）造型、大小一致，可知绿釉瓷器采取先素烧再施釉的工序烧制而成。

2-9-3

北宋擂钵

2012DT12 ⑥：22

口径 21、底径 6、高 21.6 厘米

2012 年吉州窑东昌路窑址出土

已修复。尖唇，敛口，外折沿，斜弧腹壁，小平底。自内底心向口沿呈放射状分布若干组刻线，每组由十道细线组成。灰褐胎，胎质较粗。

121

2-10-1
北宋"大观元年"铭陶垫

2018MT3223 ① b：46
把柄直径 5.4、最大直径 11.4、高 6.4 厘米
2018 年吉州窑茅庵岭窑址出土

可修复。蘑菇状。垫面光滑弧隆，垫托喇叭状，中间内收。垫底面顺时针刻"大观元年□月□□曾孟叔置"，托面刻"杨□"款。深灰胎，胎质坚致。

大观（1107～1110 年）是北宋徽宗赵佶的年号，大观元年即 1107 年。

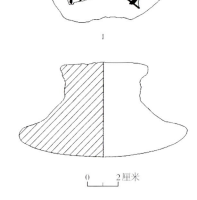

0　　2厘米

2-10-2
北宋黑釉试料盏

2012DT3 ③：7

通高 4 厘米

2012 年吉州窑东昌路窑址出土

口沿变形，内壁粘存另一器物口沿。圆唇，侈口，浅弧腹壁，内底圆弧，圈足。内壁刻划三个"个"字形符号，粘存的盏内底刻"大"字。黑釉，内满釉，外施釉近底，釉面光亮，外腹壁下层釉层较薄，釉泛酱色，为二次施釉形成。灰白胎。

2-10-3
北宋漏斗形匣钵

2016MF89 ① ：44

口径 15.8、底径 5.8、高 11.5 厘米

2016 年吉州窑茅庵岭窑址出土

基本完整。漏斗形，方唇，上腹
较直，近底部急内折收成小平底。
外底中心有"卫"形。紫色粗砂胎。

这一时期的碗、盏类器物多采用
此类匣钵一件匣钵装烧一件坯件
烧成，器物与匣钵之间用环状垫
圈间隔。

2-10-4
北宋筒形匣钵

2012DF53 ： 38

口径 22、底径 24、高 27 厘米

2012 年吉州窑东昌路窑址出土

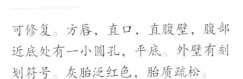

可修复。方唇，直口，直腹壁，腹部近底处有一小圆孔，平底。外壁有刻划符号。灰胎泛红色，胎质疏松。

这一时期的壶、瓶类器物多采用此类匣钵一件匣钵装烧一件坯件烧成，器物与匣钵之间用环状垫圈间隔。

III
南宋

　　宋室南迁使江南地区社会经济、文化空前繁荣，素有"江南望郡""文章节义之邦"之誉的吉州也迎来了全盛的发展时期。伴随高度发达的商品经济，在以儒释道文化为主的庐陵文化熏陶下，吉州窑进入鼎盛时期，发展成为江南地区最具代表性和最富创造力的综合性窑场。

　　南宋时期吉州窑的瓷器品种有酱釉、低温绿釉、白釉、黑釉、黑釉彩绘以及白釉彩绘等。

　　酱釉瓷器延续北宋时期的生产，整体上胎质、釉色和装饰与前期相差不大，但是开始走下坡路。胎质疏松，呈灰色、灰红色，胎体变厚。釉层较薄，泛酱红色。数量锐减，器形不多，有罐盖、杯形炉以及和尚雕像等。

　　绿釉瓷器的生产在北宋的基础上大为拓展，器形不仅有壶、长颈瓶、罐、钵、盆、碗、斗笠碗、碟、洗、盏托、盏、枕、敛口炉、三足盒、供案、绣墩，还有宗教题材的佛塔、佛像、建筑模型和建筑用材筒瓦、鸱吻、瓦当、砖等。器物胎质疏松，胎色以灰白、灰红为主。釉层较薄，

釉色多样，有深绿、淡绿、黄绿等。装饰手法繁多，以刻划、篦划、印花为多，其次有模印贴塑、镂空、剔刻等。纹样有弦纹、蕉叶纹、圆圈纹、婴戏纹、莲瓣纹、波浪纹、乳丁纹、"S"形纹、兽面纹、水波游鱼纹、缠枝牡丹纹、缠枝花卉纹等，风格简练率真。

　　从北宋中晚期开始烧造的白釉瓷在南宋继续生产，器形有壶、瓶、柳斗罐、小罐、碗、钵、杯、炉、莲花炉、酒台、盏、粉盒、器盖以及弥勒佛、文官等雕塑瓷，流行芒口大平底碗碟类器物。瓷塑类器物采取前后合模制作而成。部分器物内底、外底足存细沙垫烧痕。整体胎质较粗，胎色灰白、灰黄。釉层较薄，釉面玻璃光泽较弱，釉泛米黄色。流行模印纹样，印花精致工整。纹样有缠枝花卉纹、海水游鱼纹、风采牡丹纹、婴戏牡丹石榴纹、六格盆景纹以及回字纹等，偶见罐类腹部装饰剔刻折枝梅纹。白釉印花类器物应是仿北方名窑定窑的产物，但与定窑产品相比胎体较粗，硬度较差，不及定窑的坚实，釉色也不

及定窑的白净光亮。

在北宋黑釉瓷的基础上，南宋时期的吉州窑工匠充分利用当地丰富的天然黑色原料，运用独到的技法和各种装饰手法，制造出独具风格、变化万千、清新雅致的黑釉器，吉州窑成为黑釉瓷器的生产中心。其器类丰富，有执壶、梅瓶、瓶、四系筒形罐、束颈罐、盆、钵、盖碗、托碗、碗、盏、盏托、花口洗、折沿洗、碟、扑满、粉盒、杯形炉、三足鼎式炉、腰鼓以及芒口碗等。同类器物又有不同的造型，执壶分直口、喇叭口、瓜棱，瓶分长颈瓶、花口瓶、匙箸瓶。与当时饮茶风习相对应，盏的烧造量最大，且类型尤为繁杂，分侈口盏、敛口盏、束口盏、斜口盏、撇口盏、瓜棱盏，每类盏又可以分圆饼足、圈足、卧足、暗圈足、高足。同一型制的器物有多种不同的装饰，如束颈罐、长颈瓶有剔花加彩、玳瑁斑、虎皮斑、鹧鸪斑、兔毫纹等装饰，侈口盏、束口盏有剪纸漏花、玳瑁斑、虎皮斑、鹧鸪斑、兔毫纹等装饰。部分壶罐类器物内壁见拉坯痕，部分器物外壁下腹至足露胎处刷一层紫红色护胎浆。多数器物胎质疏松，胎色较浅，呈灰白或米黄色；少数胎质坚致，胎色较深，呈深灰、砖红色。胎体中普遍含有细沙粒，这是由吉州窑独特的地理位置及原料所决定的。吉州窑黑釉瓷釉中含铁量较其他窑口低，而钛、钾、钙、镁等含量相对较高，烧成后纯黑者少，多见黑中泛褐、泛紫、泛红等。不似福建建窑和北方诸窑的黑釉瓷釉面光泽、色黑如漆，吉州窑黑釉瓷釉面无浮光，自然古雅，整体釉层较

薄，多数器物外腹下部见二次施釉痕。装饰繁多，有剪纸漏花、木叶纹、鹧鸪斑、玳瑁斑、虎皮斑、兔毫纹、剔花加彩填白釉等，剪纸漏花分为胎上漏花与釉上漏花两种。胎上剪纸漏花是将剪纸纹样直接贴于不施化妆土的胎体之上，表面施一层黑釉，然后揭掉剪纸，漏出花纹。釉上剪纸漏花是先施黑釉作底，贴上剪纸，再吹一层黄和乳白混合的面釉，然后揭掉剪纸，烧成后彩釉中呈现黑色纹样。剪纸纹样有梅花、栀子花、朵云纹、折枝梅纹、折枝茶花纹、折枝栀子花、折枝莲花纹、喜上眉梢、凤凰纹、蝴蝶纹、双凤纹、三凤纹以及"长命富贵""金玉满堂""福寿康宁""福寿康荣""福寿荣昌"等吉语铭。木叶贴花是将经过简单处理的完整树叶贴于黑色釉面上，直接入窑烧制，烧成后树叶融入底釉，木叶纹形态自然逼真，叶脉清晰。剪纸漏花和木叶纹宛如瓷艺装饰中的两朵奇葩，最能代表吉州窑工匠的聪明才智和创造才能。独具艺术特色的木叶纹和剪纸漏花在瓷器装饰上的运用，标志着我国陶瓷釉面装饰工艺已发展到一个新的阶段。

在白釉和黑釉的基础上，这一时期还烧制出白釉酱口碗、外黑内白釉侈口碗、外白釉内黑釉灯盏等双色釉瓷器，满足不同人群的需求。

南宋时期的吉州窑彩绘瓷分釉上彩绘与釉下彩绘两种，其中最为多见且颇具特色的是白釉釉下彩绘。

考古和纪年墓资料表明，白釉釉下彩绘瓷南宋中期开始出现并得到发展，由江西省新干县博物馆藏新干县界埠乡南宋淳熙十年（1183年）曾照远墓出土的釉下彩绘跃鹿纹盖罐可以看出，此时吉州窑的釉下彩绘技术已经十分娴熟。南宋时期釉下彩绘瓷类型繁多，造型新颖独特，有长颈瓶、梅瓶、壁瓶、梅瓶盖、罐、罐盖、壶、执壶、钵、盆、碗、盘、三足盘、长方形枕、炉、三足鼎式炉、香薰、粉盒、盒盖以及捶丸、和合二仙人物、骑马瓷塑等，胎质、釉色与同时期的白釉瓷相同。纹样有弦纹、波浪纹、卷草纹、对蝶纹、梅竹纹、飞蝶纹、蕉叶纹、菊瓣纹、菊花纹、兰纹，其中奔鹿纹极富个性和时代特色，几乎不见于同时期其他窑口。吉州窑釉下彩绘瓷的装饰韵味独特，讲究意境情趣，突出画面构思，根据不同的器形需要采用缠枝、折枝、对称等不同表现手法，以清新、明快的格调呈现出层次清晰、笔简意深、疏密有致的画面，展现了纤秀瑰丽、质朴自然、清新活泼的艺术魅力。吉州窑釉下彩绘最为独特的是开光形式的运用，在器物的显著部位以线条勾出各种各样的栏框，内绘各种图案，以开光和边饰相结合的方式来突出主体纹样，突破了传统的刻花、印花、画花、捏塑等制瓷装饰工艺。

有研究认为，吉州窑白釉釉下彩绘瓷的兴起是受磁州窑白地黑花产品的影响，由于北宋末年南迁的人口中包括不少北方窑工，特别是磁州窑的窑工，他们把磁州窑的彩绘技法带到了吉州窑。这种观点有一定可取之处，因为两类产品装饰形式、内容和手法确是比较接近，但吉州窑的白釉釉下彩绘与磁州窑的白地釉下彩绘也有不少差异。两类产品的胎质都不细腻，磁州窑白地彩绘是先施一层白色化妆土，在化妆土上彩绘，而吉州窑釉下彩绘瓷是直接在白色或米黄色胎上用铁质涂料彩绘，相比较而言，吉州窑的彩绘工艺更为简化。磁州窑白地黑彩不是纯黑，而是黑中微闪赭色，这种赭色较吉州窑彩绘器深一些，吉州窑器更偏酱红。两类产品的装烧方法不同，磁州窑的瓷器全部在马蹄窑内烧成，而吉州窑的产品都在龙窑里煅烧而成，窑炉的形制不同，构筑方法不同，技术手法不一样，使用的燃料不同，产生的焰型也不同。当然，由于两窑口处于同一时期，窑业技术必然会相互影响。

釉上彩绘瓷分为白釉釉上彩绘和黑釉釉上彩绘，但两者数量不多，均不是主流产品。

白釉釉上彩绘器形主要有碗类，一般在内底褐彩书"吉""记""福""好""大吉""存菊""周店""盛菜碗"等铭款，有的"吉""记"款为先戳印、后彩绘，"存菊""周店"可能是定制者或使用者的名号，而"盛菜碗"则是表明碗的用途。这类白釉釉上彩绘器物的胎釉、制作特征与白釉、白釉釉下彩绘瓷类同，釉层较薄，胎色以灰白、灰黄为主，外腹壁见修坯痕，足沿和内底存黄色细沙垫烧痕。

黑釉釉上彩绘瓷器物种类单调，有瓶和碗、盏。纹样装饰在瓶的外壁，碗、盏的内壁。纹样有如意纹、月梅纹、双凤纹、双蝶纹以及"供圣"铭款等。黑釉彩绘瓷器是在已施黑色底釉的器物上，用毛笔蘸含铁量较少的草木灰彩料直接描绘图样或者书写文字，烧成后纹样与底釉相融而看不到笔触，深沉的底色配以浅淡的纹饰，简洁明快，略带窑变的朦胧美感，具有很强的写意画风格。黑釉彩绘最为特殊的是黑釉描金银彩，是用胶或其他粘胶剂调金银彩直接在黑釉上描绘纹样。

南宋时期吉州窑的施釉技法非常丰富，除了常见的蘸釉、荡釉、浇釉、洒釉、刷釉等，可能还使用了吹釉技术。吹釉即用竹筒一节，一端蒙以细纱后蘸釉浆，于另一端用口吹釉于坯面，反复喷吹在坯表形成一层厚度均匀的釉。釉层厚薄以吹釉的次数决定，薄则吹三四遍，厚则吹七八遍。比起蘸釉，吹釉可以对釉面有更细腻的处理，使釉面更匀净。此前陶瓷界一般认为"吹釉始于康熙"，最早的吹釉是清初所创的吹青、吹红工艺。

刘新园先生提出"剪纸贴花贴在深褐色的底釉上，上面的那层装饰釉，是吹上去的，那种点点不均匀的就是吹上去的，最早使用吹釉法的就是吉州窑"（见刘新园《关于吉州窑以及陶瓷史研究的几点思考》，深圳博物馆编《中国古代黑釉瓷器暨吉州窑国际学术研讨会论文集》，文物出版社，2019年）。如此，则吉州窑可能是最早使用该技术的窑场，将陶瓷史上吹釉技术的出现向前推进了好几百年。

南宋时期吉州窑瓷器的装烧方式与北宋时期基本相同，主要是一件匣钵装烧一件器物，不同的是这一时期器物与匣钵之间的间隔具使用大于底足的紫红色垫饼，而不是小于底足的垫圈。白釉瓷器多使用细沙间隔，一件匣钵装烧多件器物。晚期出现组合支圈覆烧的装烧方式，白釉、黑釉瓷器多使用此方式。

3-1-1
南宋绿釉刻花瓶

2012DF32：14

足径 6.4、残高 10 厘米

2012 年吉州窑东昌路窑址出土

口颈部缺失。溜肩，鼓腹，圈足。颈部贴模印折枝花，腹部刻波浪纹。外施绿釉，釉层较薄，釉面光亮，积釉处呈深绿色。灰白胎，泛淡红色。

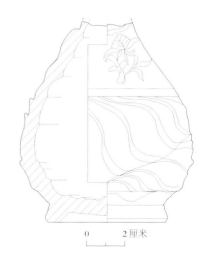

0   2 厘米

3-1-2
南宋绿釉划鱼纹盆

2006 IV T4401 ④：305

底径 17 厘米

2006 年吉州窑永和中心小学窑址出土

底部残片。平底上凸，宽平内底刻划
一尾鱼，尾巴高翘。内底均匀分布三
个三角形支烧痕，外底可见三组修坯
痕。内外施绿釉，外壁釉层较薄，釉
泛黄色。灰白胎，胎质疏松。

3-1-3
南宋绿釉斗笠碗

2016MF39 ③：92

口径 15.2、足径 3.2、高 5.2 厘米

2016 年吉州窑茅庵岭窑址出土

已修复。圆唇，敞口，斜直壁，内底尖圆上凸，浅圈足。外底足存紫红色垫烧痕。内外满施绿釉，内底积釉严重。外底足露灰红胎。

3-1-4
南宋绿釉刻花敛口炉

2006 Ⅳ T4401 ② ： 184

口径 20、足径 13.2、高 12.4 厘米

2006 年吉州窑永和中心小学窑址出土

可修复。敛口，圆唇，内折沿，弧腹壁，内底宽平，圆饼足。外腹壁上下各贴一周鼓钉纹，中间刻波浪纹。口沿以及外壁施绿釉，釉泛黄色，釉面玻璃质感较强。灰胎泛红色。

3-1-5
南宋绿釉划花三足盒

2016J 采： 12

口径 15、通高 6.4 厘米

2016 年吉州窑蒋家岭窑址采集

已修复。圆筒状，子口，直腹壁，平底，外底边缘塑三个如意形足。外腹壁篦划缠枝牡丹纹。内外满施绿釉，口部釉层较薄，釉面玻璃光泽较强。灰白胎。

3-1-6
南宋绿釉绣墩

2006 IV T4401 ③：518
顶面径 24、残高 24 厘米
2006 年吉州窑永和中心小学窑址出土

存绣墩上半部分。圆鼓状，平顶中心
略弧隆。腹上部贴一周乳丁纹，下部
贴塑"S"形纹饰。顶面留存多处窑斑。
外满施绿釉，釉泛黄色，釉面玻璃光
泽较强。灰白胎。

3-1-7
南宋绿釉兽面纹瓦当

2012M 采：13
直径 13.8、厚 2.4 厘米
2012 年吉州窑茅庵岭窑址采集

圆形。当面两周凹弦纹内印兽面纹。
内外施绿釉。灰白胎，泛红色。

3-1-8
南宋绿釉"景定壬戌记"铭筒瓦

2014MF72 ② ：30

残长 10.5 厘米

2014 年吉州窑茅庵岭窑址出土

一端残缺。长方形，中间弧拱。戳印"景定壬戌记"铭文。外施绿釉，釉面光亮。灰白胎，泛浅红色。

景定是南宋理宗赵昀的第八个年号，这个年号共使用了五年（1260～1264年），景定壬戌即景定三年（1262年）。

3-1-9
南宋绿釉建筑模型

2006 Ⅳ T4401 ③ ：732

残高 6 厘米

2006 年吉州窑永和中心小学窑址出土

残存屋顶部分。庑殿顶，一条正脊，四条垂脊，四面坡屋顶。屋面划弦纹表示瓦拢。外满施绿釉，釉面玻璃光泽较强，积釉处呈黑色。灰胎泛红色。

3-2-1
南宋酱釉罐盖

2012 Ⅳ T2735 ⑤：17

盖顶径 13.2、子口径 9.5、通高 3.7 厘米

2012 年吉州窑尹家岭窑址出土

可修复。盖沿平直，盖顶隆弧，顶面中间置半环状纽。沿下设子口，口内敛。顶面施酱釉，局部显黑色。灰红胎。

3-2-2
南宋酱釉杯形炉

2012DT23 ⑥：41

口径 6.4、足径 2.7、高 5.3 厘米

2012 年吉州窑东昌路窑址出土

可修复。方唇，侈口，微束颈，斜直腹壁，圆饼足。内腹壁可见拉坯痕，外腹壁可见修坯痕。酱釉，内外施釉不及底足。灰胎，胎体疏松。

2012DF32 ：43

残高 6.6 厘米

2012 年吉州窑东昌路窑址出土

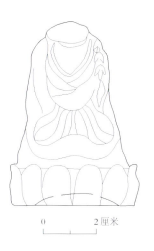

0　　　　2 厘米

头部缺失。和尚结跏趺坐于莲花座
上，身穿交领袈裟。外施酱釉至底
座。灰红胎。

3-3-1
南宋黑釉喇叭口执壶

2012 Ⅳ T2533 ② ：6
口径 4.4、足径 4.8、高 12.5 厘米
2012 年吉州窑尹家岭窑址出土

可修复。方唇，喇叭口，微束颈，折肩，上腹近直，下腹弧收，暗圈足。肩部一侧置圆管状流，对应一侧颈肩处置扁平状执柄。黑釉，口部施釉，器外满施釉，欠烧，釉面木光。淡红胎，胎体疏松。

3-3-2
南宋黑釉喇叭口执壶

2012DF32 ： 13

口径 6.4、足径 8.4、高 20.4 厘米

2012 年吉州窑东昌路窑址出土

流残失。圆唇，喇叭口，颈部微束，溜肩，斜弧腹，圈足。肩部对称置流及宽扁平执柄，两侧塑对称竖向半环状系。黑釉，内施釉至颈部，外施釉近底，釉面光亮，颈部缩釉明显。灰白胎，泛淡红色。

3-3-3
南宋黑釉瓜棱执壶

2019MT3419 ③：2
口径 4.4、足径 5、高 10.6 厘米
2019 年吉州窑茅庵岭窑址出土

可修复。盘口，束颈，瓜棱腹，圈足，足墙宽矮。黑釉，口沿施釉，外施釉不及底，外腹壁近底处见二次施釉痕。灰白胎。

3-3-4
南宋黑釉剔花梅瓶

2006 Ⅳ T4401 ③：3537
足径 12、残高 33 厘米
2006 年吉州窑永和中心小学窑址出土

口颈部缺失。宽平肩，弧鼓腹，暗圈足。腹部剔刻对称凤凰纹，间饰四朵云纹，纹样加施褐色彩绘。外施黑釉至底，釉面玻璃光泽较强。灰白胎，胎体致密。

0   2厘米

3-3-5
南宋黑釉长颈瓶

2016MF96 ② : 1
足径 5.8、残高 18 厘米
2016 年吉州窑茅庵岭窑址出土

口沿部分缺失。细长颈，弧腹壁，圈足。外腹壁见明显旋修痕。黑釉，局部釉泛酱色，内仅口沿施釉，外施釉不及底，釉面玻璃光泽较强，外腹壁近底处见二次施釉痕。深灰胎，泛红色。

3-3-6
南宋黑釉剔花长颈瓶

2012DT23 ⑩：74
口径 3.6、足径 5.1、高 16 厘米
2012 年吉州窑东昌路窑址出土

基本完整。厚唇，撇口，细长颈，腹
部圆弧略下垂，圈足。腹部一侧剔刻
折枝梅纹，褐色彩绘花蕊，再填涂白
釉。口沿和腹部粘存窑渣。黑釉，内
仅口沿施釉，外施釉至足，外腹壁近
底处见二次施釉痕。灰白胎。

3-3-7
南宋黑釉剔花折枝梅纹长颈瓶

2012 IV T2735 ⑤：1
足径 5.6、残高 16 厘米
2012 年吉州窑尹家岭窑址出土

口沿残，颈部变形。细长颈，腹部圆弧，圈足。腹部粘存窑渣，见拉坯痕；外底足见修坯痕。腹部一侧剔刻折枝梅纹，褐色彩绘花蕊，再填涂白釉。外施黑釉至足，近底处见二次施釉痕。灰白胎。

此长颈瓶纹样、装饰技法与 1982 年江西省宜春市郊珠泉街南宋庆元五年（1199 年）陈三娘夫妇墓出土黑釉剔花折枝梅纹长颈瓶（江西省宜春市博物馆藏，见彭明翰编著《雅俗之间》，文物出版社，2007 年）类似。

3-3-8
南宋黑釉剔花长颈瓶

2012D 采：23

足径 5.4、残高 12.2 厘米

2012 年吉州窑东昌路窑址采集

口部缺失。细长颈，溜肩，弧腹壁，圈足。腹部一侧剔刻折枝梅纹。外施黑釉不及底，釉面光亮，下腹部釉呈酱色，为二次施釉形成。灰白胎。

该长颈瓶与南宋黑釉剔花折枝梅纹长颈瓶（2012 Ⅳ T2735 ⑤：1）的造型和装饰纹样基本相同，但是表现手法不尽相同，内容也有所区别。

3-3-9
南宋黑釉玳瑁斑长颈瓶

2012DF66 ：3

足径 4.2、残高 12.5 厘米

2012 年吉州窑东昌路窑址出土

口部缺失。细长颈，垂腹，圈足。外
腹壁釉面洒三周黄色玳瑁斑。黑釉，
内仅近口处施釉，外施釉不及底，釉
面玻璃光泽较强，外腹壁近底处见二
次施釉痕。灰白胎，泛淡红色。

此类黑釉长颈瓶造型基本一致，但有
剔花加彩、剪纸漏花、玳瑁等不同装饰。

3-3-10
南宋黑釉玳瑁斑花口瓶

2012 IV T2735 ④：32
口径 3.6、足径 3.7、高 10.5 厘米
2012 年吉州窑尹家岭窑址出土

可修复。生烧。花口，长颈，溜肩，
弧腹壁，圈足。外腹壁装饰玳瑁斑。
黑釉，内仅口沿处施釉，外施釉至底，
釉色不显。灰黄胎。

3-3-11
南宋黑釉匙箸瓶

2016J 采：3

足径 5、残高 11 厘米

2016 年吉州窑蒋家岭窑址采集

盘口口部缺失。束颈，圆弧腹壁，圈足。腹部一侧粘存窑疤，内壁可见明显拉坯痕。黑釉，内施釉至颈部，外施釉不及底，釉面玻璃光泽较强，外腹壁下部釉层较薄，釉泛酱色，为二次施釉形成。灰白胎，泛淡红色。

3-3-12
南宋黑釉束颈罐

2012 IV T2634 ② ：4
口径 10、足径 7、高 16 厘米
2012 年吉州窑尹家岭窑址出土

口部略变形。圆唇，侈口，束颈，溜肩，筒形腹，圈足。内壁可见拉坯痕。黑釉，内仅口部施釉，外施釉至底，腹壁下部釉层较薄，釉泛酱色，为二次施釉形成，近底见流釉痕。灰胎，泛红色。

3-3-13
南宋黑釉四系筒形罐

2016MT3021 Ⅰ∶1
口径 11、足径 8.8、高 20 厘米
2016 年吉州窑茅庵岭窑址出土

已修复。圆唇，直口，直颈，折肩，
筒形腹，圈足。肩部塑四个横向圆
环状系。内壁可见拉坯痕。黑釉，
内仅口部施釉，外施釉至底，腹壁
下部釉层较薄，釉泛酱色，为二次
施釉形成。灰红色胎。

3-3-14
南宋黑釉束颈罐

2006 IV T2735 ⑤：14
口径 6、足径 3、高 5 厘米
2012 年吉州窑尹家岭窑址出土

基本完整。圆唇，侈口，束颈，弧腹壁，下腹壁内收，圈足浅矮。口沿粘窑渣。黑釉，釉泛酱色，内满釉，外施釉不及底，腹壁下部釉层较薄，为二次施釉形成。灰红胎。

3-3-15
南宋黑釉玳瑁斑束颈罐

2012DT23 ⑧ : 9
口径 6、足径 3.8、高 7 厘米
2012 年吉州窑东昌路窑址出土

可修复。圆唇，卷沿，侈口，束颈，溜肩，
圆弧腹壁，圈足浅矮。外壁洒玳瑁斑。
黑釉，釉泛酱色，内满釉，外施釉至底。
灰白胎，泛红色。

3-3-16
南宋黑釉玳瑁斑盖碗

2012DT23 ⑪ : 25
口径 13、足径 5.6、高 7.5 厘米
2012 年吉州窑东昌路窑址出土

已修复。方唇，直口，弧腹壁，内底圆弧，圈足。内底存一周支烧痕。外腹壁洒黄白色玳瑁斑。黑釉，内满釉，外施釉近底，釉面玻璃光泽较强；口沿刮釉呈芒口；外壁下部釉层较薄，釉泛酱色，为二次施釉形成。口沿及外底足露紫红胎。

3-3-17
南宋黑釉剪纸漏花双凤纹碗

2012DF85：78

口径 14、足径 3.4、高 4.2 厘米

2012 年吉州窑东昌路窑址出土

已修复。敞口，斜弧腹壁，内底尖圆上凸，圈足浅矮。内壁剪纸漏花双凤纹之间饰梅花和蝴蝶纹，内底心饰梅花纹。内满釉，釉泛黄色；外施黑釉至底，近底部釉层较薄，釉泛酱色，为二次施釉形成。灰白胎。

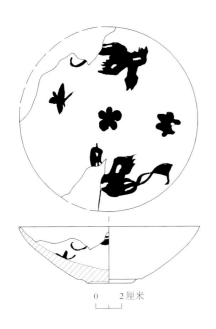

0　　2厘米

3-3-18
南宋黑釉剪纸漏花三凤纹碗

2012 IV T2734 ② ： 17

口径 16.6、足径 5、高 7 厘米

2012 年吉州窑尹家岭窑址出土

已修复。圆唇，敛口，斜弧腹壁，内底窄平下凹，圈足。口沿外侧粘少许窑渣。内腹饰剪纸漏花三凤纹，凤纹呈"品"字形，内底饰梅花一朵。内壁满釉，釉泛酱色，釉面莹润；外施黑釉至下腹部，腹壁下部釉层较薄，釉泛酱色，为二次施釉形成。灰白胎。

2016MF39 ④：79

3-3-19
南宋黑釉木叶纹碗（一组）

2016MF39 ④：79，2016MT3021 Ⅰ：31，
2014MT3413 ① a ：27，2014MF41：32
2014、2016 年吉州窑茅庵岭窑址出土

2016MT3021 Ⅰ：31

2014MF41：32

2014MT3413 ① a ：27

均为碗底残片。斜直腹壁，内底心上凸，圈足浅
矮。内底或内壁饰有木叶纹，叶形轮廓基本完整，
叶脉清晰，叶片呈灰褐色。黑釉，内满釉，外施
釉至底，釉面玻璃光泽较强，外腹壁下部见二次
施釉痕。灰白胎。

3-3-20
南宋黑釉玳瑁斑带托碗

2012 IV T2735 ⑨ ：151

口径 13.8、足径 5.6、高 7.7 厘米

2012 年吉州窑尹家岭窑址出土

已修复。托碗卷沿，撇口，斜弧腹，内底圆弧，圈足。托盘腹壁平斜，圈足，足端方正。托碗内壁洒玳瑁斑。内外满施黑釉，釉泛酱色，欠烧。灰白胎。

3-3-21
南宋黑釉兔毫纹侈口盏

2012DF52 ：43
口径 11.6、足径 3.4、高 6 厘米
2012 年吉州窑东昌路窑址出土

可修复。圆唇，侈口，深弧腹，内底窄平，圈足浅矮。
黑釉，内满釉，外施釉至底，釉面呈现蓝灰色兔
毫纹。灰胎，胎质较细。

该侈口盏的造型、大小以及底部较厚的特点与
1981 年江西省婺源县南宋庆元六年（1200 年）
汪赓（知汀州）墓出土的黑釉盏（江西省婺源博
物馆藏，口径 11.6、底径 3.8、高 5.8 厘米，见
《婺源县南宋嘉定四年墓》，江西省博物馆编著
《江西宋代纪年墓与纪年青白瓷》，文物出版社，
2016 年）相似。

3-3-22
南宋黑釉兔毫纹侈口盏

2012DT23 ⑦：95
口径 10、足径 3.6、高 5.6 厘米
2012 年吉州窑东昌路窑址出土

可修复。圆唇，侈口，深腹斜直，内底窄平下凹，圈足。黑釉，内满釉，外施釉至底，釉面呈蓝褐色兔毫纹，近底处积釉明显。灰白胎，胎质疏松。

3-3-23
南宋黑釉兔毫纹侈口盏

2012DF52 ：75
口径 12、足径 3.2、高 4.8 厘米
2012 年吉州窑东昌路窑址出土

可修复。圆唇，侈口，斜弧腹壁，内底
圆弧，矮圈足。足端存黑色垫烧痕。黑釉，
内满釉，釉面呈现灰色兔毫纹；外施釉
至底，腹壁下部釉层较薄，釉泛酱红色，
为二次施釉形成。灰白胎。

可修复。圆唇，侈口，斜弧腹壁，内底窄平，圈足较矮。外底局部粘存窑渣。黑釉，内满釉，外施釉至底，釉面饰虎皮斑，玻璃光泽较强。灰胎。

3-3-24
南宋黑釉虎皮斑侈口盏

2012 Ⅳ T2735 ④：39
口径 10、足径 3.4、高 5.4 厘米
2012 年吉州窑尹家岭窑址出土

3-3-25
南宋黑釉鹧鸪斑侈口盏

2016MF39 ④：71
口径 11、足径 3.6、高 5.6 厘米
2016 年吉州窑茅庵岭窑址出土

基本完整。圆唇，侈口，斜弧腹壁，内底窄平，圈足。内外壁均粘存窑渣。釉面洒灰白色鹧鸪斑。黑釉，釉泛酱色，内满釉，外施釉不及底，外腹壁下部见二次施釉痕。灰白胎。

3–3–26
南宋黑釉鹧鸪斑侈口盏

2012DF32 ： 32
口径 11.4、足径 3.8、高 5.7 厘米
2012 年吉州窑东昌路窑址出土

已修复。圆唇，侈口，斜弧腹壁，内底窄平，矮圈足。近底处粘存少量窑渣。内底、内壁饰七周白色鹧鸪斑点，外壁洒白色鹧鸪斑。黑釉，内满釉，外施釉至圈足，釉面光亮。灰白胎。

3-3-27

南宋黑釉剪纸漏花侈口盏

2012DT23 ⑪ ： 21

口径 10.4、足径 3.4、高 5.7 厘米

2012 年吉州窑东昌路窑址出土

可修复。侈口，深腹，斜弧腹壁，内底窄平，圈足。内壁兔毫纹地装饰三组菱形剪纸漏花莲花纹，外壁釉面洒白色鹧鸪斑。黑釉，内满釉，釉泛黄褐色，外施釉至底。灰白胎。

此类深腹浅圈足侈口盏造型、大小相似，内壁装饰丰富多彩，分为洒彩和剪纸漏花。剪纸漏花有吉语铭、折枝梅纹、折枝茶花纹、折枝栀子花、折枝莲花纹、"喜上眉梢"等。

3-3-28
南宋黑釉剪纸漏花侈口盏

2012DF52：74

口径 12、足径 3.2、高 5.2 厘米

2012 年吉州窑东昌路窑址出土

已修复。圆唇，侈口，斜弧腹壁，内底窄平，圈足极矮。内壁兔毫纹上饰剪纸漏花折枝栀子花。黑釉，内满釉，釉泛黄褐色，外施釉至底，釉面莹润。灰白胎。

3–3–29
南宋黑釉剪纸漏花侈口盏

2012DF32 ： 204
口径 11.3、足径 3.7、高 5.5 厘米
2012 年吉州窑东昌路窑址出土

可修复。圆唇，侈口，斜弧腹壁，内
底窄平，圈足极矮。内壁三组剪纸漏
花茶花纹，外壁洒黄白色彩斑。黑釉，
内满釉，釉泛黄褐色，外施釉至底，
釉面玻璃光泽较强。灰白胎。

3-3-30
南宋黑釉剪纸漏花侈口盏

2012DF32 ： 44

口径 11、足径 3.8、高 5.7 厘米

2012 年吉州窑东昌路窑址出土

可修复。圆唇，侈口，斜弧腹壁，内底窄平，矮圈足。内壁兔毫纹地饰对称剪纸漏花折枝梅纹，外壁饰灰白色鹧鸪斑。黑釉，内满釉，釉泛黄褐色，外施釉至底，釉面玻璃光泽较强。外底足露灰白胎。

2006 IV T4401 ④：1371

口径 12.2、足径 3.8、高 6.6 厘米

2006 年吉州窑永和中心小学窑址出土

可修复。口部微束，斜直腹壁，内底窄平，圈足极矮。内口沿一周几何纹下饰折枝"喜上眉梢"纹，外壁洒玳瑁斑。黑釉，内满釉，外施釉至底，釉面玻璃光泽较强。灰白胎，胎体细腻。

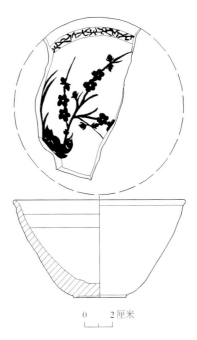

0   2厘米

3-3-32
南宋黑釉剪纸漏花吉语铭盏

2012DF32 ： 194

口径 11、足径 3.5、高 5.8 厘米

2012 年吉州窑东昌路窑址出土

可修复。圆唇，侈口，斜弧腹壁，内底窄平，圈足极矮。内壁均匀布三组菱形剪纸漏花吉语铭，两组为"长命富贵"，一组为"福寿康荣"；外壁洒灰白色斑。黑釉，内满釉，釉泛黄褐色，外施釉至底，釉面光亮。灰白胎。

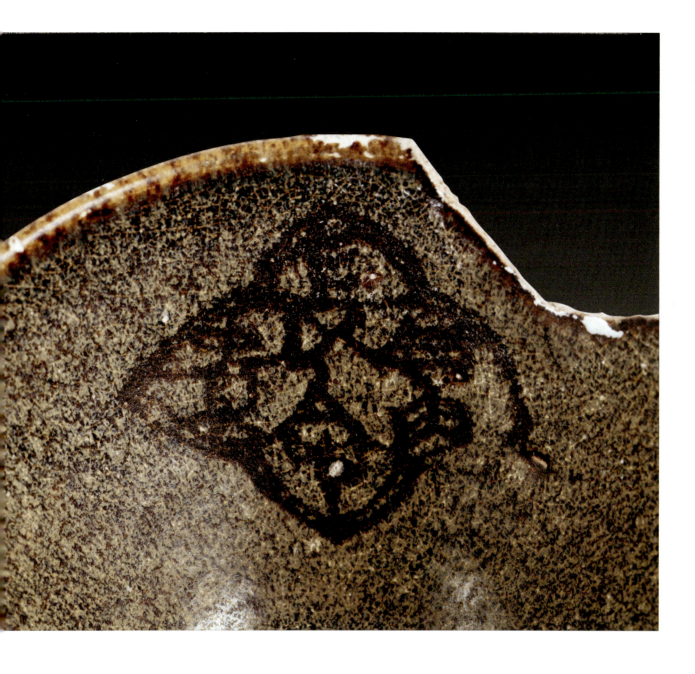

3-3-33
南宋黑釉剪纸漏花吉语铭盏

2019MT3419 ② ： 3

口径 10、足径 3.6、高 5.8 厘米

2019 年吉州窑茅庵岭窑址出土

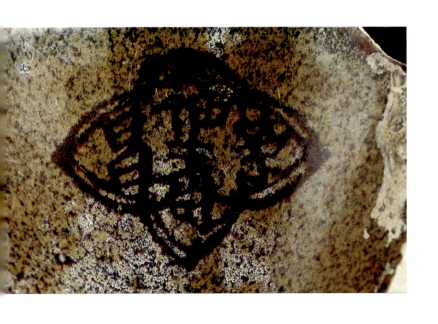

可修复。圆唇，敛口，弧腹壁，内底窄平，浅圈足。内壁均匀布三组菱形剪纸漏花吉语铭，其中一组为"福寿荣昌"；外壁洒黄白色斑。黑釉，内满釉，釉泛黄褐色，外施釉至底。灰白胎。

3-3-34
南宋黑釉剪纸漏花束口盏

2012DF66 ： 2
口径 13、足径 3.9、高 6.1 厘米
2012 年吉州窑东昌路窑址出土

已修复。束口，斜弧腹壁，内底窄平，圈足。内壁饰三组剪纸漏花折枝梅纹。黑釉，内满釉，釉泛黄褐色，外施釉至底。灰白胎。

3-3-35
南宋黑釉兔毫纹敛口盏

2012D 采：5
口径 11.2、足径 3.2、高 4.5 厘米
2012 年吉州窑东昌路窑址采集

已修复。圆唇，敛口，斜弧腹，
内底窄平，圈足。黑釉，内满釉，
釉面呈黄褐色兔毫纹，外施釉
近底。灰白胎。

3-3-36
南宋黑釉束口盏

2012DF52：24
口径 12.2、足径 4、高 7.4 厘米
2012 年吉州窑东昌路窑址出土

器物略变形。口部微束,腹壁斜直,
内底窄平下凹,圈足。口沿局部粘存
窑渣。黑釉,内满釉,外施釉至底。
灰白胎。

3-3-37
南宋黑釉兔毫纹束口盏

2012DF32：241
口径 12.6、足径 3.2、高 5.7 厘米
2012 年吉州窑东昌路窑址出土

可修复。束口，斜直腹壁，内底尖圆，
圈足。黑釉，内满釉，釉面呈现蓝黄
色兔毫纹；外施釉不及底，腹壁下部
釉层较薄，釉泛酱色，为二次施釉形成。
灰白胎。

3-3-38
南宋黑釉玳瑁斑束口盏

2016MF95：1

口径 11.6、足径 4、高 5.2 厘米

2016 年吉州窑茅庵岭窑址出土

可修复。圆唇，束口，弧腹壁，内底圆弧，圈足较矮。釉面饰黄褐色玳瑁斑。黑釉，内满釉，外施釉至下腹部，釉面玻璃光泽较强。外腹下部至足露胎处施一层紫红色护胎浆。灰白胎。

3-3-39
南宋黑釉剪纸漏花束口盏

2012DT9 ② ： 22

口径 11.9、足径 3.9、高 5.1 厘米

2012 年吉州窑东昌路窑址出土

可修复。束口，弧腹壁，内底圆弧，圈足。内壁饰三组剪纸漏花折枝梅纹。黑釉，釉面玻璃光泽较强，内满釉，釉泛灰褐色；外施釉至下腹部，腹壁下部釉层较薄，釉泛酱色，为二次施釉形成。外腹下部至底足露胎处刷一层紫红色护胎浆。灰胎。

3-3-40
南宋黑釉剪纸漏花弇口盏

2016MF39 ③ ：39

口径 11.2、足径 3.9、高 5.4 厘米

2016 年吉州窑茅庵岭窑址出土

口沿变形。弇口，斜弧腹，内底
窄平，圈足，足端规整。内壁饰
剪纸漏花栀子花。黑釉，内满釉，
釉泛黄褐色；外施釉至下腹部，
下部见二次施釉痕。外腹露胎处
刷一层紫红色护胎浆。灰白胎，
胎体略疏松。

3-3-41
南宋黑釉兔毫纹弇口盏

2016MF39 ④：4
口径 10.8、足径 4.4、高 5.5 厘米
2016 年吉州窑茅庵岭窑址出土

可修复。弇口，斜直腹壁，内底窄平，
暗圈足。釉面呈现蓝灰色兔毫纹。黑釉，
釉泛酱色，釉面玻璃光泽较强，内满釉；
外施釉至腹中部，腹壁下部可见二次
施釉痕；外腹壁下部露胎处见釉斑。
灰红胎。

3-3-42
南宋黑釉兔毫纹弇口盏

2012DT23 ⑥ ：56

口径 11.4、足径 4、高 6.8 厘米

2012 年吉州窑东昌路窑址出土

可修复。弇口，斜直腹壁，内底窄平，
暗圈足。黑釉，釉泛酱黄色，玻璃光
泽较强，内满釉，釉面呈现蓝灰色兔
毫纹；外施釉至下腹部，露胎处刷一
层紫红色护胎浆。灰白胎。

3-3-43
南宋黑釉兔毫纹弇口盏

2012DT23 ⑦ ：44

口径 10.8、足径 4.4、高 6 厘米

2012 年吉州窑东昌路窑址出土

可修复。弇口，斜直腹壁，内底窄平，暗圈足。釉面呈现蓝灰色兔毫纹。黑釉，釉泛酱红色，玻璃光泽较强，内满釉，外施釉至下腹部，下腹部露胎处至底刷一层紫红色护胎浆。釉与护胎浆之间露一周灰白色胎。

3-3-44
南宋黑釉兔毫纹弇口盏

2012DT23 ⑧：86

口径 10.8、足径 4、高 6 厘米

2012 年吉州窑东昌路窑址出土

可修复。弇口，斜直腹壁，内底窄平，暗圈足。釉面呈现蓝灰色兔毫纹。黑釉，釉泛酱色，内满釉，外施釉至下腹部，露胎处至底刷一层紫红色护胎浆。灰白色胎。

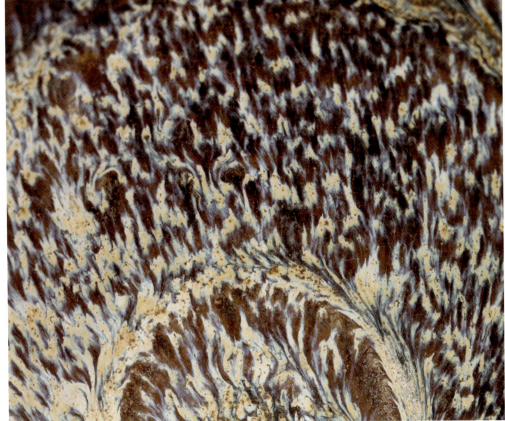

可修复。弇口，斜直腹壁，内底窄平，暗圈足。釉面呈现黄色兔毫纹。黑釉，釉泛酱黄色，内满釉，外施釉至腹中部，釉面玻璃光泽较强。外腹露胎处刷一层紫红色护胎浆。灰胎，胎体致密。

3-3-45
南宋黑釉兔毫纹弇口盏

2014MF39 ④：9

口径 10.8、足径 4.1、高 5.6 厘米

2014 年吉州窑茅庵岭窑址出土

3-3-46
南宋黑釉撇口盏

2019MT3422 ④：1
口径 11.2、足径 3、高 4.6 厘米
2019 年吉州窑茅庵岭窑址出土

可修复。圆唇，撇口，斜弧腹壁，内底圆弧，暗圈足。口沿、内壁以及外腹壁局部粘沙。黑釉，内满釉，外施釉不及底，腹壁下部釉层较薄，釉泛酱色，为二次施釉形成。灰白胎。

此撇口盏造型、大小、胎釉特征与江西省瑞昌县（今瑞昌市）梅家垅北宋宣和六年（1124 年）何毅墓出土的黑釉盏（江西省博物馆藏，见《瑞昌市北宋宣和六年墓》，江西省博物馆编著《江西宋代纪年墓与纪年青白瓷》，文物出版社，2016 年）相似。

3-3-47
南宋黑釉瓜棱盏

2006 IV T4401 ②：1164

口径 8.2、足径 2.4、高 4.2 厘米

2006 年吉州窑永和中心小学窑址出土

可修复。圆唇，侈口，瓜棱腹，内底圆弧，圈足。釉面洒黄褐色玳瑁斑。黑釉，内满釉，外施釉不及底。灰白胎。

3-3-48
南宋黑釉漏花束口盏

2012DT5 ① ： 37

口径 13.4、足径 3.6、高 6.5 厘米

2012 年吉州窑东昌路窑址出土

可修复。束口，腹部斜直，内底窄平，矮圈足。内壁饰漏花折枝梅竹纹。黑釉，内满釉，外施釉至圈足，釉面光亮，外腹壁近底处见二次施釉痕。灰白胎，胎质细密。

3-3-49
南宋黑釉漏花盏

2012DT23 ② ：89

足径 3.2、残高 4.9 厘米

2012 年吉州窑东昌路窑址出土

口部缺失。斜直腹壁，内底圆弧，矮圈足。内壁饰三组漏花折枝莲花纹。黑釉，釉面光亮，内满釉，外施釉近底，腹壁下部釉层较薄，釉泛酱色。外壁至底露胎处刷一层护胎浆。灰白胎，胎质略粗。

3-3-50
南宋黑釉玳瑁斑花口洗

2012DT19 ① ：57
口径 10.8、足径 5.2、高 3.3 厘米
2012 年吉州窑东昌路窑址出土

已修复。欠烧。花口，瓜棱腹，内底
宽平，圈足。足端存黑色垫烧痕。釉
面洒玳瑁斑。黑釉，釉泛酱色，内满釉，
外施釉至底。黄白胎。

3-3-51
南宋黑釉剪纸漏花洗

2012DF85：77
口径 11.8、足径 4.2、高 3.5 厘米
2012 年吉州窑东昌路窑址出土

可修复。圆唇，折沿，浅弧腹，内底宽平，圈足。内壁兔毫纹地剪纸漏花五朵栀子花，内底心一朵栀子花。黑釉，内满釉，釉泛黄褐色；外施釉不及底，下部釉层较薄，釉泛酱色，为二次施釉形成。灰白胎。

3–3–52
南宋黑釉碟

2012DF52：46
口径 9.6、足径 3.4、高 2.9 厘米
2012 年吉州窑东昌路窑址出土

基本完整。敞口，斜直腹，内底圆弧。
内底存一周垫烧痕。黑釉，釉泛酱色，
内满釉，外施釉至口沿下，釉面光亮。
灰白胎。

3-3-53
南宋黑釉杯形炉

2012 IV T2735 ⑥：15

口径 6.5、足径 2.8、高 5 厘米

2012 年吉州窑尹家岭窑址出土

基本完整。侈口，束颈，斜弧腹壁，圆饼足。黑釉，釉泛酱色，内仅口沿处施釉，外施釉至腹中部。砖红胎，胎体疏松。

此炉与南宋酱釉杯形炉（2012DT23 ⑥：41）造型、大小、施釉部位基本一致，只是胎质、胎色、釉色不同。酱釉炉为灰胎、酱釉，胎体较薄。

2012DT23 ③：1

口径 10.4、通高 10.4 厘米

2012 年吉州窑东昌路窑址出土

已修复。尖唇，平折沿，直口，微束颈，丰肩，弧鼓腹，圜底，底附三蹄足。外腹中部存剔花纹样。黑釉，釉面玻璃光泽较强，内仅口沿施釉，外施釉不及底，下部见二次施釉痕。白胎。

3-3-55
南宋黑釉三足炉

2012DF32：39

口径 11.2、通高 6.5 厘米

2012 年吉州窑东昌路窑址出土

已修复。圆唇，平折沿，束颈，圆鼓
腹，下腹斜收，小平底，底沿承三乳
足。黑釉，釉泛酱色，内仅口沿施釉，
外施釉至下腹部。灰红色胎。

3-3-56

南宋黑釉腰鼓

2012DF32 ： 384

口径 8.5、长 29.4 厘米

2012 年吉州窑东昌路窑址出土

已修复。生烧。腰鼓中空，中部呈圆
柱体，两端呈碗状。通体施黑釉，无
玻璃光泽。灰紫胎，胎质较粗。

3-3-57
南宋黑釉芒口碗

2019M 采：20

口径 15.6、足径 5.4、高 4.3 厘米

2019 年吉州窑茅庵岭窑址出土

可修复。方唇，侈口，曲腹壁，内底圆弧，
圈足较矮，足墙方正。内外满施黑釉，
口沿和外底足露灰白胎。外底足墨书，
字款不清晰。

3-3-58
南宋黑釉"供圣"铭盏

2012DF85 ： 46

口径 11、足径 3.4、高 3.3 厘米

2012 年吉州窑东昌路窑址出土

已修复。敞口，圆唇，腹壁斜直，内底尖圆上凸，矮圈足。内壁对称书"供圣"铭。黑釉，内满釉，外施釉近底，腹壁下部见二次施釉痕。灰白胎，胎质较粗。

3-4-1
南宋白釉喇叭口执壶

2012DT23 ④：82

口径 4.5、足径 5.7、高 17.6 厘米

2012 年吉州窑东昌路窑址出土

流缺失。喇叭口，颈部细长，折肩，腹部近直，近底处弧收，暗圈足。肩部置流，对应一侧颈肩处置宽扁平状执柄，柄面刻两道凹弦纹，柄顶端塑圆管状系。底足沿留存六个支烧痕，内壁见明显拉坯痕。白釉，内仅口沿施釉，外施釉不及底。灰白胎。

3-4-2
南宋白釉柳斗罐

2016MT3021 Ⅲ：4
口径 9.7、足径 3.5、高 6 厘米
2016 年吉州窑茅庵岭窑址出土

已修复。侈口，平折沿，微束颈，斜溜肩，折腹，腹壁下部斜内收，卧足。外腹刻划由三根线条组成的斜线纹，上、中、下各施一组弦纹，形成网格状柳斗纹。内外施白釉，釉泛黄色，釉面玻璃光泽较弱。灰黄色胎。

0 　 2 厘米

3-4-3

南宋白釉印花碗

2014MT3420 ① a ： 3

足径 5.6、残高 5.7 厘米

2014 年吉州窑茅庵岭窑址出土

口部缺失。腹壁斜弧，内底圆弧，圈
足浅矮，足墙较直。内底模印婴戏牡
丹石榴纹，婴孩活泼可爱。白釉，釉
泛黄色，内满釉，外施釉近底。灰白胎。

3-4-4
南宋白釉弥勒佛

2012DF52 ： 338

残高 4.8 厘米

2012 年吉州窑东昌路窑址出土

头部缺失。前后分别模制粘接而成，中空。弥勒佛站立，凸肚，双手合抱置于腹前。外施白釉至底。灰白胎。

3-4-5
南宋白釉文官

2012DT10 ② : 4
高 7.7 厘米
2012 年吉州窑东昌路窑址出土

可修复。前后分别模制粘接而成。站
立状，长圆脸，大眼，头戴官帽，身
穿交领服，腰系带，右手下垂，左手
握一袋横于前腹。外满施白釉。灰白胎。

3-5-1
南宋白釉酱口碗

2012DT23 ⑧：33
口径 18、足径 6、高 6.4 厘米
2012 年吉州窑东昌路窑址出土

可修复。圆唇，侈口，斜弧腹壁，内底窄平下凹，边缘有一周凹弦纹，矮圈足。外底足粘细沙。内满施白釉，外施白釉至下腹部，釉泛黄色；口沿一周酱釉。灰黄胎，胎质疏松。

3-5-2
南宋外黑釉内白釉侈口碗

2012DT9 ② ： 31

口径 18.4、足径 5.7、高 6.3 厘米

2012 年吉州窑东昌路窑址出土

可修复。圆唇，侈口，斜弧腹壁，内底窄平，圈足。内底心一周垫烧痕。先于碗内施白釉，釉泛灰白色；再于碗外施黑釉至足端，釉面玻璃光泽较强。灰白胎，胎体疏松。

3-5-3
南宋外白釉内黑釉灯盏

2006 Ⅳ T4401 ② ：1285
足径 5、残高 6 厘米，灯芯直径 1 厘米
2006 年吉州窑永和中心小学窑址出土

灯盘口沿缺失。灯盘内壁圆弧，中心置
中空圆柱状灯芯，喇叭状底座，近底处
呈覆盘状。先于灯盘外壁、底座外壁施
白釉，再于灯芯口沿、灯盘内壁施黑釉，
黑釉泛酱色，灯芯、底座外壁局部流黑
釉痕。灰白胎，胎质疏松。

3-6-1
南宋白釉"吉"铭碗

2012D 采：1
口径 16、足径 6、高 6 厘米
2012 年吉州窑东昌路窑址采集

可修复。厚唇，侈口，斜弧腹壁，内底圆弧，圈足略高。外腹壁见修坯痕，足沿粘存一周黄色细沙。内底心刻划并褐色彩书"吉"字。白釉，内满釉，外施釉不及底，釉层较薄。灰白胎。

3—6—2

南宋白釉"记"铭碗

2012DT23 ③：34

口径 16.2、足径 5.6、高 5.8 厘米

2012 年吉州窑东昌路窑址出土

已修复。厚唇，侈口，斜弧腹壁，矮圈足。外腹壁见修坯痕，内底一周垫烧痕，外底足端粘存细沙。内底心刻划并褐色彩书"记"字。白釉，内满釉，外施釉壁至下腹部，釉泛黄色。灰黄胎。

3-6-3
南宋白釉彩绘长颈瓶

2012 IV T2735 ⑥ : 11

口径 4、足径 5.8、高 18 厘米

2012 年吉州窑尹家岭窑址出土

0　　2厘米

腹部变形。侈口,卷沿,细长颈,弧腹壁,
圈足。足端存有垫烧痕。颈部近口沿
处以及胫部分别褐色彩绘一组弦纹;
腹部褐色彩绘对称梅竹纹,之间隔以
一只飞蝶,颜色泛酱色。口沿及外壁
施白釉,釉层较薄。灰白胎。

3-6-4
南宋白釉彩绘长颈瓶

2012 IV T2735 ⑥：29

足径 5.8、残高 17.7 厘米

2012 年吉州窑尹家岭窑址出土

口沿缺失。细长颈，弧腹壁，圈足。足端存垫烧痕。颈部近口沿处以及胫部分别褐色彩绘一组弦纹；腹部褐色彩绘对称梅竹纹，之间隔以一只飞蝶。口沿及外壁施白釉，釉层较薄。灰白胎。

此长颈瓶与南宋白釉彩绘长颈瓶（2012 IV T2735 ⑥：11）造型、纹样布局相同，应是同款，只是纹样发色略有区别。

215

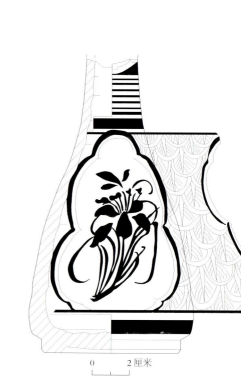

3-6-5
南宋白釉彩绘长颈瓶

2016MF39 ④：69

足径 7.4、残高 15 厘米

2016 年吉州窑茅庵岭窑址出土

口部缺失。细长颈，腹壁斜弧，最大
腹径位于近底部，圈足。颈部一组褐
色彩绘弦纹，腹部蕉叶纹地对称葵形
开光内褐色彩绘折枝兰纹，胫部一组
紫红色弦纹。外施白釉。灰白胎。

0   2 厘米

3-6-6
南宋白釉彩绘梅瓶盖

2012DF52 ： 44

口径 6.7、高 3.7 厘米

2012 年吉州窑东昌路窑址出土

可修复。圆筒状，梯形，平顶，盖壁斜直。内壁见明显修坯痕。顶面边缘一组弦纹带内褐色彩绘对蝶纹，盖壁上下一周弦纹间褐色彩绘缠枝卷草纹。外施白釉。灰白胎。

3-6-7
南宋白釉彩绘罐盖

2012DF52 ∶ 307
子口径 7.4、盖径 10、高 2 厘米
2012 年吉州窑东昌路窑址出土

可修复。盖顶弧隆，中间凸起，宽平沿，下设内敛子口。盖面黑色彩绘一周缠枝卷草纹，中心为黑地白彩菊花纹。盖面施白釉。灰白胎。

3-6-8
南宋白釉彩绘碗

2012DF52 ： 40

足径 5.6、残高 4.9 厘米

2012 年吉州窑东昌路窑址出土

口部缺失。斜弧腹壁，内底平坦，圈足。外腹壁见修坯痕，足端粘存细沙。内壁褐色彩绘三组折枝菊花纹，花间彩绘飞蝶；内底圆形方孔钱内分别填菊花纹、卷草纹。白釉，内满釉，外施釉及底。灰白胎，胎质较疏松。

3-6-9
南宋白釉彩绘三足盘

2012DT23 ② ：58
口径 10、底径 8、通高 4.1 厘米
2012 年吉州窑东昌路窑址出土

已修复。方唇，直腹壁，内底宽平，外底边缘附三蹄状足。外腹壁见修坯痕。内底褐色彩绘折枝梅纹，梅枝疏影横斜，花瓣含苞欲放；蹄足外侧黑釉色。通体施白釉，灰白胎。

3-6-10
南宋白釉彩绘盒盖

2012DT23 ⑤：3

口径 6.6、高 1.8 厘米

2012 年吉州窑东昌路窑址出土

基本完整。盖顶弧隆，边缘两周褐色彩绘弦纹内绘折枝兰花纹，近底沿绘一周紫红色弦纹。外施白釉。灰白胎。

3-6-11

南宋白釉彩绘长方形枕

2006 IV T4401 ④ ： 1123

残长 19 厘米

2006 年吉州窑永和中心小学窑址出土

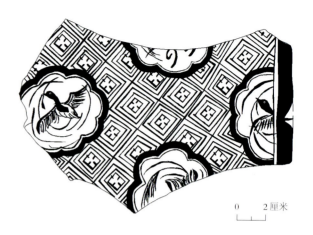

0   2 厘米

存枕体一侧。长方形枕。外壁菱形回纹地双线葵形开光内褐色彩绘芦雁纹。外施白釉。灰白胎。

3-6-12
南宋白釉彩绘三足鼎式炉

2012DF52 ： 17

口径 6.2、高 5.2 厘米

2012 年吉州窑东昌路窑址出土

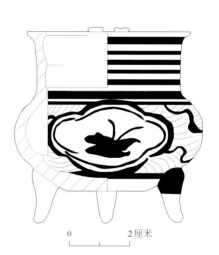

0 ————— 2 厘米

已修复。尖唇，平折沿，沿面置对称立耳，耳残，
束颈，圆鼓腹，小平底，底部边缘置三锥状足。
口沿褐色彩绘一周简笔卷草纹，颈部一周弦纹带，
腹部波浪纹地对称双线葵形开光内褐色彩绘蝴蝶
纹，近底处一周褐色彩绘带。白釉，口沿施釉，
外施釉近底。灰白胎。器形小巧，应是所谓的琴炉。

3-6-13
南宋白釉彩绘和合二仙

2019M 采：18

最长 4.8、最宽 2.4、通高 8.3 厘米

2019 年吉州窑茅庵岭窑址出土

一仙头部缺失。和合两仙并排站立，身穿交领服，腰系带。头发、五官、衣领等处褐色彩绘。外施白釉，釉层薄。灰白胎。

3-6-14
南宋白釉彩绘人物瓷塑

2012 Ⅳ T2735 ⑥ ： 9

高 8.5 厘米

2012 年吉州窑尹家岭窑址出土

基本完整。人物端坐，双手拢袖置于
双腿上。发髻、衣领、腰带及鞋等处
褐色彩绘。通体施白釉。灰胎。

3-6-15
南宋白釉彩绘人物瓷塑

2014MF47 ： 18

高 6.1 厘米

2014 年吉州窑茅庵岭窑址出土

基本完整。人物盘坐，平视，双手拢袖
置于双腿上。头发、五官、衣袖及裤腿
等处褐色彩绘。通体施白釉。灰胎，胎
体疏松。

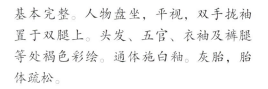

3-6-16
南宋白釉彩绘骑马瓷塑

2018MT3323 ① b ： 2

最长 4.8、最宽 2.2、通高 7 厘米

2018 年吉州窑茅庵岭窑址出土

可修复。戴帽人物骑坐在四脚站立的马
上，双手至胸前，头上抬，神气昂扬。
人物头部、胳膊以及马的耳部等处褐色
彩绘，人物面部用褐色短线画出眉眼和
嘴巴。除底部外通施白釉，釉层较薄。
灰白胎。

3-6-17
南宋白釉彩绘捶丸

2016J 采：13

直径 3.8 厘米

2016 年吉州窑蒋家岭窑址采集

基本完整。圆球实心。器表紫红色彩绘涡旋纹。外施白釉，釉层较薄。灰红胎。

3-7-1
南宋素烧坩埚

2012DT23 ③：43

口径 7.6、高 9.4 厘米

2012 年吉州窑东昌路窑址出土

可修复。方唇，直口，直腹壁，圜底。外底一侧戳印"小尹□"方形押印章。灰黄色胎。

3-8-1
南宋黑釉试料（一组）

2012 IV T2735 ⑨：69，2012 IV T2735 ⑥：316，

2012 IV T2735 ⑨：121，2012 IV T2735 ⑨：116，

2012 IV T2735 ⑥：319，2012 IV T2735 ①：91，

2012 IV T2735 ⑧：36，2012 IV T2735 ⑨：73

2012 年吉州窑尹家岭窑址出土

2012 IV T2735 ⑨：69

2012 IV T2735 ⑨：116

呈不规则球状。外侧为紫红色粗砂胎，内包裹三件长方形、梯形、三角形等不同形状的黑釉瓷片。

2012 IV T2735 ⑥：316

2012 IV T2735 ①：91

2012 IV T2735 ⑧：36

2012 IV T2735 ⑨：121

2012 IV T2735 ⑨：73

2012 IV T2735 ⑨：116

2012 IV T2735 ⑨：69

2012 IV T2735 ⑥：319

3-8-2
南宋碟、围棋装烧标本

2012D 采：92

通高 8.5 厘米

2012 年吉州窑东昌路窑址采集

标本粘存、压塌。八件大小相同的碟压塌粘在一起，最上面的碟粘存窑渣和十一粒圆饼形围棋子，另有两粒棋子粘存在碟外壁上。灰白胎，胎质较细密。

3-8-3
南宋砖形垫具

2012DT2 ① : 17
长 27.6、宽 12、厚 3 厘米
2012 年吉州窑东昌路窑址出土

基本完整。长方形，顶面多处留存支烧痕。底面露砖红色胎，其余部位覆以绿釉，胎质较粗。应为绿釉瓷器的垫烧具。

3-8-4
南宋黑釉盏装烧标本

2012DT23 ② ：232

通高 10.5 厘米

2012 年吉州窑东昌路窑址出土

匣钵内粘存盏。匣钵呈漏斗形，方唇，上腹壁较直，下腹内收至底，小平底。紫红色粗砂胎。匣钵外部可见一层自然釉。匣钵内粘连一件黑釉玳瑁斑侈口盏，内满釉，外施釉至底，釉面洒黄褐色玳瑁斑。盏圈足粘存一件紫红色粗砂圆形垫饼，垫饼直径大于盏足径。

233

IV

元代

吉州窑在元代继续烧造，早期承接南宋的繁荣兴盛之势，中晚期以后逐渐衰落。这一方面是由于吉州窑经过长时间的开发后可利用的优质资源逐渐少了；另一方面则是由于在窑业市场的竞争中受到其他窑场，尤其是景德镇窑场的影响。景德镇自设立浮梁磁局后，瓷业步入快速发展通道，其大量生产青白釉、卵白釉瓷器，成熟的青花瓷器更是吸引了世界的目光，逐渐成为全国的制瓷中心，而吉州窑窑业则在这场竞争中逐步走向衰落。总的来说，元代吉州窑烧造的品种延续了南宋时期的酱釉、白釉、黑釉、黑釉彩绘、白釉彩绘以及低温绿釉等，新增加黑釉涩胎彩绘、青灰釉瓷器，瓷业生产主要围绕黑釉和彩绘瓷器，特别是彩绘瓷器成为生产的核心。

白釉瓷器的生产逐渐趋向衰落，数量不多，器形有玉壶春瓶、碗、盏、盘、杯、高足杯、印花碟以及象棋等文玩用具。流行内底涩圈和内底露胎的碗、盏，器物的底足宽矮，有的为圆饼足。

酱釉瓷器在南宋时期由于黑釉瓷器的大发展而一度衰落，元代虽然有新的发展，但数量仍然较少。器类单调，器形有椭圆形枕、鱼形砚滴、砚滴、碟等，主要是文人用具和日常用品。器物的胎质较前期更为粗糙，胎色以灰、灰白为主。装饰不多，以模印为主，彩绘次之，纹样有鱼纹、折枝卷草纹、折枝菊花等。

黑釉瓷器的生产在吉州窑整个窑业中占比仍然很大。器类多，有喇叭口执壶、瓜棱执壶、盘口执壶、长颈瓶、束颈罐、四系罐、柳斗罐、水盂、盆、碗、带托碗、花口盏、束口盏、弇口盏、盏托、杯、折沿洗、碟等，与南宋时期相比新出现方唇盆、高足碗、高足杯以及涩底碗、盆、罐和涩圈折沿洗、碗、花边盘等，流行罐形炉、三足炉、鼎式炉、鬲式炉等炉类器物。与南宋时期类似，仍然有大量相同造型的器物装饰不同的纹样，如碗、盏、高足杯分别装饰兔毫纹、玳瑁斑等。器物外腹部近底常见二次施釉痕。虽然数量多，总量大，但胎质较前期更为粗糙，胎体变厚，胎色复杂，以深灰、紫灰色为主，也有灰红色、灰紫色、灰白色胎，质量远不及南宋时期的黑釉瓷器。装饰大为简化，技法大为减少，仅有洒彩、窑变等手法，新出现贴塑技法，吉州窑独具特色的剪纸贴花、剔花装饰也消失不见。纹样有弦纹、游鱼纹、"寿"字铭，常见玳瑁斑，流行兔毫纹。兔毫纹形式多样，有所谓的灰兔毫、银兔毫、蓝兔毫等，其工艺过程是先在胎上施一层褐色底釉，干燥后再施一层黑釉，最后施一层兔毫釉。元代仍有木叶纹装饰，但与南宋时期使用自然树叶烧造的木叶纹不同，如2012D采：33，内壁一侧漏花折枝树叶纹。

　　元代吉州窑产品不见白釉釉上彩绘，只见黑釉釉上彩绘。釉上彩绘延续南宋的生产趋势并有所发展，规模虽然不是很大，但器物形制有所增加，主要有梅瓶、罐、敛口钵、碗、盏、三足炉。胎质粗疏，胎色以灰红色为主，也有灰白色胎、砖红色胎。腹壁下部有二次施釉痕。纹样有如意

纹、莲瓣纹、牡丹纹、蝴蝶纹、鸾凤纹、月梅纹、双凤纹、朵花纹、抽象几何纹以及"福会公"铭，壶罐类装饰在外壁，碗盏类装饰在内壁。

　　新出现黑釉涩胎彩绘瓷，器形不多，主要有碗、盏、盘。这类器物内施黑釉、外施黑釉不及底，釉面玻璃光泽不强，少数装饰黄褐色玳瑁斑，内底中心露胎彩绘葵花纹或"斗会""福""禄"

235

铭。胎质疏松，常见灰、灰白、灰红色胎。

釉下彩绘瓷器在南宋的基础上有了较大发展，成为元代吉州窑生产的核心。器类有壶、执壶、长颈瓶、瓶、净瓶、罐、钵、盆、碗、洗、六方盒、盘、三足筒形器、炉、香熏、枕、鸟食

罐、蟾蜍形砚滴、器盖以及真武大帝瓷塑等。炉的形制多样，有钵式炉、鼎式炉、杯式炉、三足炉、四方炉，三足炉又分为三足筒形炉、三足鼎式炉、三足鬲式炉、三足盆式炉等。装饰纹饰富于变化，运笔潇洒，技法刚柔兼具，内容丰富多彩，包括植物类的卷草、葵花、山茶花、蕉叶、芦草、荷叶、荷花、芦苇、灵芝、菊花、兰花、梅花、竹子、牡丹、莲花，动物类的飞凤、喜鹊、鸳鸯、奔鹿、鱼、蝴蝶等虫鱼、飞禽、走兽，几何纹类的回纹、弦纹、三角形纹、八卦纹、连弧纹、"S"纹、龟背纹、"卍"字纹、织锦纹，以及钱纹、波浪纹、诗词、人物等装饰纹样，富有浓厚的生活气息和民间乡土色彩。装饰画面多取材于当时人们喜闻乐见的生活小景，别具一格，与当地传统的建筑装饰画相类同，传统建筑装饰有可能受到了吉州窑彩绘瓷器画风的影响。

新增青灰釉瓷器，数量不多，主要是日常生活用器。器形有执壶、小瓶、罐、撇口碗、侈口碗、

盏、器盖以及芒口碗、芒口盏等，碗盏类底足浅矮。胎质较为粗糙，胎色浅淡，呈灰白色，也有灰色、深灰色、灰黄色，个别淘洗精细的胎质细腻呈白色。多数内、外满施青釉，口沿刮釉露胎，外底足露胎。釉色青中泛灰，釉层不厚，釉面玻璃光泽较强。产品造型、釉色与江西永丰山口窑的产品面貌相近，有学者认为是江西地区仿浙江龙泉窑的青釉产品，但质量上与龙泉窑青釉瓷器有一定差距。器物装饰单一，目前只见模印技法，纹样有叶脉纹。

元代吉州窑各个品种的器物施釉方式多样，可分为四类：一类是内满釉，外施釉至底或不及底；一类是内满釉、内底刮釉一周呈涩圈，外施釉不及底或至底；一类是内满釉，外施釉至足，口部刮釉呈芒口；一类是内、外施釉不及底，内底心和外底足不施釉露胎。

元代吉州窑产品既有采取匣钵装烧的，也有明火裸烧的。南宋时期一件匣钵装一件器物和一件匣钵装多件器物的装烧方式虽均有保留，有的坯件内套烧小的器物，有的在坯件底部与匣钵之间也置放器物，特别是灯盏常常"见缝插针"式的装烧，但整体来看使用匣钵装烧的数量开始减少。流行支圈组合覆烧方法，多采用数件器物涩圈叠烧、涩底叠烧的叠置装烧方法，以充分利用窑炉空间，降低成本。

4-1-1
元代酱釉鱼形砚滴

2019MT3222 ②： 4
最长 9、最宽 3.8、通高 4.5 厘米
2019 年吉州窑茅庵岭窑址出土

可修复。前后模制粘接而成，中空。鱼身模印鱼鳞纹，尾部上翘，底附四小足。背部鱼鳍可作提梁，使用时于身侧小圆孔注水，鱼嘴小圆孔出水。除四足及外底中间露灰白胎，其余部位满施酱釉。

4-1-2
元代酱釉砚滴

2019M 采：10

最长 5.5、最宽 3.2、通高 5.4 厘米

2019 年吉州窑茅庵岭窑址出土

可修复。前后模制粘接而成。扁平半圆形，圆弧肩，前侧塑短圆流，后侧黏扁平执炳，中间一小圆孔，平底近长方形。两侧与肩部交界处贴塑小圆饼模仿皮革装饰，侧面模印折枝卷草纹。外底露灰胎，其余部位施酱釉，釉泛褐色。

4-1-3
元代酱釉碟

2019 IV MT3720 ② ： 7

口径 7.8、底径 3.8、高 2.6 厘米

2019 年吉州窑茅庵岭窑址出土

基本完整。圆唇，侈口，曲腹壁，内底圆弧，小平底。口沿局部粘存窑渣。口沿及碟内满施酱釉，釉泛褐黑色。灰白胎。

0 2厘米

4-1-4
元代酱釉彩绘椭圆形枕

2016MF82 ① ： 1
长 22.3、宽 19.5 厘米
2016 年吉州窑茅庵岭窑址出土

仅存枕面。椭圆形。枕面外缘一周
黑色弦纹内彩绘折枝菊花。外施酱
釉。灰黄胎，胎质疏松。

4-2-1
元代黑釉喇叭口执壶

2012DT9②：27

口径 6.2、足径 7、高 14.8 厘米

2012 年吉州窑东昌路窑址出土

已修复。圆唇，喇叭口，束颈，溜肩，
鼓腹壁，圈足。肩部置一管状流，对应
一侧颈肩处置一扁平状执柄。内壁见拉
坯痕。黑釉，釉泛酱色，内施釉至颈部，
外施釉近底，外腹壁近底见二次施釉痕。
灰白胎，泛红色。

4-2-2
元代黑釉瓜棱执壶

2012DF65 ：3

口径 4.4、足径 4.8、高 12 厘米

2012 年吉州窑东昌路窑址出土

流和把柄缺失。盘口，束颈，折肩，瓜棱腹，圈足。肩部置流，对应一侧颈肩处塑执柄。黑釉，口部施釉，外施釉近底，腹壁下部釉层较薄，釉泛酱色，为二次施釉形成，见流釉痕。灰白胎。

4-2-3
元代黑釉盘口执壶

2014MF76：1
口径 6.6、足径 5.4、高 8.2 厘米
2014 年吉州窑茅庵岭窑址出土

可修复。盘口，束颈，溜肩，垂腹，圈足。
肩部置流，流缺失，对应一侧颈肩处塑扁
平状执柄，两侧置对称竖向扁平半环状系。
釉面呈现黄蓝色兔毫纹。黑釉，内仅口部
施釉，外施釉不及底，釉面玻璃光泽较强。
紫灰胎，胎质致密。

4-2-4
元代黑釉长颈瓶

2012DF65 ：15

足径 5、残高 10.5 厘米

2012 年吉州窑东昌路窑址出土

口部缺失。细长颈，弧腹壁，圈足。颈肩交界处有一周凸棱。外施黑釉至底，下腹部釉层较薄，釉泛酱色，为二次施釉形成，釉面玻璃光泽较强。灰白胎。

4-2-5
元代黑釉洒彩长颈瓶

2016MT3022 II：3
足径 3.6、残高 8 厘米
2016 年吉州窑茅庵岭窑址出土

口部缺失。细长颈，垂腹，圈足。釉面洒灰白色斑。黑釉，内仅口部施釉，外满施釉，釉面光亮。足端露灰胎，胎体细腻。

4-2-6
元代黑釉束颈罐

2012DT9 ② : 34
口径 14、足径 11.6、高 13.2 厘米
2012 年吉州窑东昌路窑址出土

已修复。圆唇，侈口，束颈，弧腹壁下部内收，圈足。外腹壁见修坯痕，内底存一周支烧痕。黑釉，内满釉，釉层较薄呈酱色，外施釉至底，近底处釉层较薄泛酱色，内外釉层釉色不同，为二次施釉形成。灰白胎。

4-2-7
元代黑釉四系罐

2016MT3022 Ⅱ：85

口径 13、足径 9.8、高 21.5 厘米

2016 年吉州窑茅庵岭窑址出土

已修复。方唇，侈口，束颈，圆弧肩，弧腹壁，暗圈足。颈肩交界处有一周凸棱，肩部置四个竖向半环状系。内壁见拉坯痕，外腹壁见修坯痕。黑釉，内仅口部施釉，外满施釉，釉面窑变呈蓝灰色。足端刮釉露灰胎，胎质致密。

4-2-8
元代黑釉水盂

2019MT3222 ④：2
口径 6、足径 4、高 3.5 厘米
2019 年吉州窑茅庵岭窑址出土

基本完好。圆唇，微敛，短直颈，平溜肩，
鼓腹，圈足，足墙宽矮。黑釉，内满釉，
外施釉不及底。灰胎，泛淡红色。

4-2-9
元代黑釉兔毫纹盆

2014MF74 ① ：56
口径 29.2、足径 12、高 10 厘米
2014 年吉州窑茅庵岭窑址出土

可修复。方唇，侈口，斜弧腹壁，内底宽平，圈足。内底与腹壁交界处有一周凸弦纹。外底足存支烧痕。黑釉，釉泛酱色，釉面莹润，内满釉，釉面呈现蓝灰色兔毫纹；外施釉至底，腹壁下部釉层较薄，为二次施釉所为。灰胎。

4-2-10
元代黑釉贴双鱼纹盆

2019MF124 ： 28
足径 10.8、残高 2.8 厘米
2019 年吉州窑茅庵岭窑址出土

底足部分。内底宽平，
圈足挖足较浅，足墙较
直，足端方正。内底贴
塑相对游鱼。黑釉，内
满釉，外施釉至底。外
底足露浅灰胎。

4-2-11
元代黑釉兔毫纹碗

2019MF123 ： 15

口径 17.4、足径 6.5、高 6.5 厘米

2019 年吉州窑茅庵岭窑址出土

可修复。圆唇，敛口，弧腹壁，内底尖圆，圈足。外腹壁近底露胎处有一周弦纹。黑釉，内满釉，外施釉不及底，釉面呈现蓝灰色兔毫纹。灰胎。

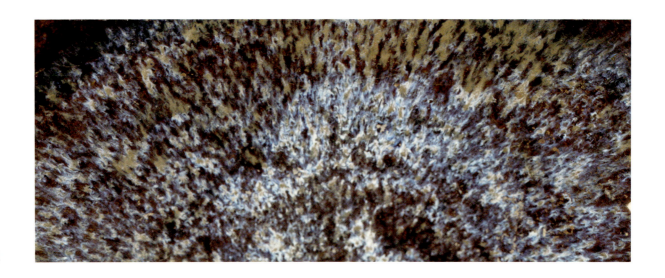

4-2-12
元代黑釉窑变碗

2019MT3123 ④：16

口径 22、足径 6.6、高 9 厘米

2019 年吉州窑茅庵岭窑址出土

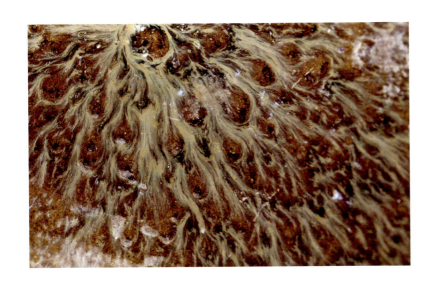

可修复。圆唇，敛口，弧腹壁，
内底圆弧，圈足。黑釉，内满釉，
外施釉不及底，釉面窑变呈黄
褐色，局部呈现蓝灰色兔毫纹，
外腹部近底处见二次施釉痕。
浅灰胎。

4-2-13
元代黑釉木叶纹碗

2012D 采：33

足径 6.6、残高 9 厘米

2019 年吉州窑茅庵岭窑址出土

下腹和底足残片。斜直腹壁，内底圆弧，中心圆凸，外腹壁与底足相交处有一周旋削平台，圈足。内壁一侧饰漏花折枝树叶纹。黑釉，内满釉，外施釉不及底，釉面窑变呈现蓝灰色兔毫纹，外腹部近底处见二次施釉痕。浅灰胎。

4-2-14
元代黑釉玳瑁斑高足碗

2014MF74 ① : 41
口径 7.8、足径 3.9、高 9.6 厘米
2014 年吉州窑茅庵岭窑址出土

可修复。圆唇，撇口，斜弧腹壁，内底圆弧，喇叭状圈足。釉面饰黄褐色玳瑁斑。黑釉，内满釉，外施釉至足中部，玻璃光泽较强。灰红色胎，胎质疏松。外底足下部泛紫红色，可能为窑沙所致。

4-2-15
元代黑釉带托碗

2014MF74 ① ：78

口径 12.6、足径 5.8 米、通高 8.5 厘米

2014 年吉州窑茅庵岭窑址出土

已修复。生烧。托碗尖圆唇，敛口，上腹弧鼓，下腹斜收，内底圆弧，高圈足。托盘较小，盘沿平直，圈足，足内镂空。黑釉，内施釉不及底，外施釉至托盘底足，釉色不显。内底心露紫红色胎。

4-2-16
元代黑釉花口盏

2012D 采：96
口径 10.8、足径 4.4、高 5.4 厘米
2012 年吉州窑东昌路窑址出土

已修复。卷沿，六缺花口，深弧腹，外腹壁与花口对应处压印一道凹槽，内底宽平，圈足。内底与腹壁相交处有一周凹弦纹。黑釉，内满釉，釉面呈现兔毫纹，外施釉至足。灰白胎。

4-2-17

元代黑釉束口盏

2012DT17 ① ：33

口径 13、足径 4.4、高 5.6 厘米

2012 年吉州窑东昌路窑址出土

口部变形。圆唇，束口，腹部斜直，
内底圆弧，圈足。黑釉，内满釉，外
施釉至下腹部，外腹壁下部见二次施
釉痕。灰红胎。

4-2-18
元代黑釉兔毫纹盏

2019MF120：4
口径 11.6、足径 4、高 4.8 厘米
2019 年吉州窑茅庵岭窑址出土

可修复。圆唇，敛口，弧腹壁，内底窄平下凹，外腹壁与底足相交处一周旋削平台，圈足足墙略宽。黑釉，内满釉，釉面呈现蓝灰色兔毫纹；外施釉不及底足，腹壁下部釉层较薄，釉泛酱色，为二次施釉形成。灰白胎。

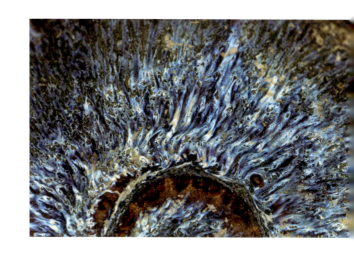

4-2-19

元代黑釉兔毫纹盏

2019MF124 ： 8

口径 12.6、足径 4.6、高 5.5 厘米

2019 年吉州窑茅庵岭窑址出土

可修复。圆唇，敛口，曲腹壁，内底
窄平下凹，圈足。黑釉，釉泛酱色，
内满釉，釉面呈现蓝灰色兔毫纹；外
施釉不到底，外腹壁下部见二次施釉
痕。灰胎。

4-2-20
元代黑釉盏托

2012DT8 ① ：65

托台口径 6.4、托盘口径 13.6、足径 6.8、通高 7 厘米

2012 年吉州窑东昌路窑址出土

可修复。托盘平坦，斜直腹，圈足，内中空。托盘中间置高耸托台，敛口，腹壁斜直。内外满施黑釉。紫灰胎，胎体厚重。

4–2–21

元代黑釉印"寿"铭杯

2014MF74 ① ：84

口径 8.8、足径 3.4、高 5.2 厘米

2014 年吉州窑茅庵岭窑址出土

可修复。圆唇，撇口，上腹近直，下腹圆弧，喇叭状圈足。内底模印"寿"字。釉面呈现灰色兔毫纹。黑釉，内满釉，外施釉至足端，釉面玻璃光泽强，足墙釉层较薄，釉泛酱色，为二次施釉形成。灰胎。

4-2-22
元代黑釉兔毫纹高足杯

2012DT9 ② ： 55

口径 9.8、足径 5、高 9.4 厘米

2012 年吉州窑东昌路窑址出土

足部变形。撇口，上腹部较直，下腹圆弧收至平底，喇叭形高圈足。釉面呈现蓝灰色兔毫纹。黑釉，内满釉，外施釉至足中部，把柄下部釉层较薄，釉泛酱色，为二次施釉形成。灰红色胎，胎质较粗。

4-2-23
元代黑釉玳瑁斑高足杯

2014MF74 ① : 40

口径 6.5、足径 4.3、高 9.5 厘米

2014 年吉州窑茅庵岭窑址出土

可修复。圆唇，撇口，上腹较直，下
腹圆弧，内底近平，喇叭状足。釉面
饰黄褐色玳瑁斑。黑釉，内满釉，外
施釉至足中部，把柄下部釉层较薄，
釉泛酱色。灰红胎，胎体致密。

4-2-24
元代黑釉窑变折沿洗

2019MT3123 北②：4
口径 11.5、足径 4.6、高 3.6 厘米
2019 年吉州窑茅庵岭窑址出土

可修复。圆唇，平折沿，浅腹，
内底平坦，底腹交界处有一周凹
弦纹，圈足较矮。外腹壁见修坯痕。
黑釉，内满釉，釉面窑变呈蓝灰色；
外施釉至底，腹壁下部釉层较薄，
釉呈酱褐色。灰紫色胎。

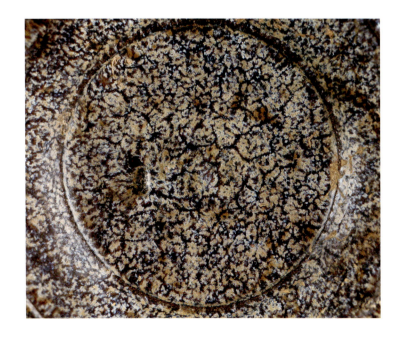

4-2-25
元代黑釉杯形炉

2012J 采：17
口径 7.4、足径 4、高 6.4 厘米
2012 年吉州窑蒋家岭窑址采集

已修复。圆唇，侈口，平折沿，鼓腹，
圆饼足。外腹壁近底处有一周凹弦纹。
黑釉，釉泛酱褐色，口沿施釉，外施
釉不及底足。灰紫色胎，胎质较粗。

4-2-26
元代黑釉兔毫纹三足炉

2016MF39 ① : 1

口径 16、足径 9、高 11 厘米

2016 年吉州窑茅庵岭窑址出土

可修复。方唇，敛口，鼓腹，圆饼足，足沿附三个三角状足。外口沿下和近底处各有一周凸棱。釉面呈现蓝灰色兔毫纹。黑釉，内仅口部施釉，外施釉不及底，下腹部近底处釉泛酱色，局部见流釉痕。紫灰胎。

可修复。圆唇，平折沿，浅腹，内底宽平，圈足。外腹壁见明显修坯痕。黑釉，内满釉，外施釉不及底，釉泛酱色，局部见蓝灰色窑变，外腹壁下部见二次施釉痕。内底一周涩圈，露灰红色胎。

4-2-27
元代黑釉涩圈折沿洗

2019MF124 ： 16
口径 11.6、足径 4.2、高 3.5 厘米
2019 年吉州窑茅庵岭窑址出土

4–2–28
元代黑釉彩绘双凤纹盏

2012DF65 : 14
足径 4、残高 4.4 厘米
2012 年吉州窑东昌路窑址出土

口部缺失。斜弧腹壁，内底圆弧，圈足。内壁彩绘对称凤纹、蝶纹，中心朵花纹。黑釉，内满釉，外施釉不及底，腹壁下部釉层较薄，釉泛酱色，为二次施釉形成。灰红色胎，胎体粗疏。

269

4-2-29
元代黑釉彩绘盏

2019MT3720 ② ：4

口径 10.6、足径 4、高 4 厘米

2019 年吉州窑茅庵岭窑址出土

生烧。圆唇，敛口，腹壁上部较直，下部弧收，圈足。盏内彩绘月梅纹。黑釉，内满釉，外施釉不及底，腹壁下部见二次施釉痕，釉色不显。砖红色胎。

4-2-30

元代黑釉彩绘盏

2019MF123：11

口径 10.6、足径 3.8、高 3.3 厘米

2019 年吉州窑茅庵岭窑址出土

可修复。圆唇，弇口，弧腹壁，内底平坦，圈足。足端存黑色垫烧痕。内壁彩绘月梅纹。黑釉，内满釉，内底一周紫红色涩圈，外施釉不及底。深灰胎。

271

4-2-31
元代黑釉彩绘三足炉

2019MF123 ：7
口径 16.7、底径 8、通高 12.3 厘米
2019 年吉州窑茅庵岭窑址出土

可修复。圆唇，平折沿，束颈，鼓腹，小平底，底缘附三圆锥状足。沿面白色彩绘斜线纹，颈部绘连续回纹一周，腹部彩绘对称折枝梅竹纹，中间绘蝴蝶纹。口沿以及外腹壁满施黑釉。足端露灰白胎。

4-2-32
元代黑釉彩绘敛口钵

2012DF65 : 77

口径 20、足径 7、高 16 厘米

2012 年吉州窑东昌路窑址出土

已修复。厚唇，敛口，弧腹壁，圈足挖足略深。釉面饰黄褐色玳瑁斑，内底露胎处彩绘褐色涡旋纹。黑釉，内、外施釉不及底。灰白胎，胎质疏松。

4-2-33
元代黑釉彩绘"斗会"铭碗

2016MF39 ③：68

足径 6.2、残高 3 厘米

2016 年吉州窑茅庵岭窑址出土

口部缺失。腹部斜弧，内底宽平下凹，
圈足。内底露胎处褐彩"斗会"铭。黑釉，
釉泛酱色，内施釉不及底，外施釉至圈足。
灰白胎。

4-2-34
元代黑釉彩绘"禄"铭碗

2014MF76 ：7

足径 5.8、残高 4.5 厘米

2014 年吉州窑茅庵岭窑址出土

口部缺失。斜弧腹壁，内底宽平，圈足。内底露胎处褐彩"禄"铭。黑釉，内施釉不及底，釉面洒黄褐彩斑；外施釉至底，腹壁近底处釉层较薄，釉泛酱色，为二次施釉形成。灰胎，胎质略疏松。

4-2-35
元代黑釉彩绘盘

2012DF65：17

口径 15、足径 4.6、高 3.7 厘米

2012 年吉州窑东昌路窑址出土

已修复。圆唇，敞口，斜弧腹壁，内底
宽平下凹，矮圈足。釉面饰玳瑁斑，内
底露胎处彩绘葵花纹。黑釉，内壁施釉，
外施釉不及底。灰红色胎。

4-3-1
元代白釉"象"字棋子

2014MF74 ① : 39

直径 3.1、厚 0.9 厘米

2014 年吉州窑茅庵岭窑址出土

基本完整。圆饼状，两面刻"象"字。白釉，
釉面玻璃质感较差。灰白胎。

4-4-1
元代白釉彩绘长颈瓶

2012D 采：22

足径 6.6、残高 19.6 厘米

2012 年吉州窑东昌路窑址采集

口部缺失。细长颈，弧腹壁，圈足。足端存紫红色垫烧痕。颈部上、下两组弦纹间褐色彩绘一周莲瓣纹，腹部波浪纹地对称双线葵形开光内褐色彩绘折枝梅纹，胫部和足沿分别绘一组弦纹。外施白釉至底足。灰白胎。

0　　　2厘米

4-4-2
元代白釉彩绘长颈瓶

2012DT11 ② ：59

足径 4.8、残高 12.2 厘米

2012 年吉州窑东昌路窑址出土

口部缺失。细长颈，垂腹，圈足。颈部褐色彩绘一组弦纹，腹部卷草纹地对称双线葵形开光内褐色彩绘奔鹿纹。外施白釉近底。灰白胎。

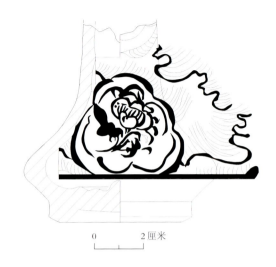

0   2 厘米

4-4-3

元代白釉彩绘长颈瓶

2016MT3022 Ⅱ ： 110

足径 5.9、残高 8 厘米

2016 年吉州窑茅庵岭窑址出土

口部缺失。颈部细长，腹部扁鼓，圈足。腹部波浪纹地对称双线葵形开光内褐色彩绘折枝牡丹纹，足墙外壁一周紫红色弦纹带。外施白釉。灰白胎。

4-4-4
元代白釉彩绘波浪纹瓶

2012DT19 ① : 39

足径 5.8、残高 12 厘米

2012 年吉州窑东昌路窑址出土

口颈部缺失。溜肩，上腹部外鼓，往下渐内收，圈足，足墙较矮。肩部两组弦纹间褐色彩绘缠枝卷草纹，腹部绘波浪纹，胫部绘一组弦纹。外壁满施白釉，釉层较薄。外底足露灰白胎，褐彩书"肆"字。

4-4-5
元代白釉彩绘三足筒形器

2014MF74 ① ：61

残高 10.5 厘米

2014 年吉州窑茅庵岭窑址出土

口部缺失。圆筒形，直腹壁，底部外凸呈圆饼状，外底边缘置三虎形足。腹部粘存窑渣。腹部波浪纹地对称三线葵形开光内为褐地白彩莲花纹，下腹部饰一组弦纹带，胫部上、下弦纹内褐色彩绘一周三角形纹。外施白釉。灰白胎。

0   2 厘米

4-4-6

元代白釉彩绘净瓶

2014MF72 ①：18

口径 1.7、残高 8.3 厘米

2014 年吉州窑茅庵岭窑址出土

存口颈部。方唇，直口，长直颈，颈部
有一周凸相轮。口部及相轮下部绘褐色
带，相轮面褐色彩绘一周莲瓣纹，以相
轮为界，上部绘六族毯纹，下部绘回纹。
外施白釉。灰胎，致密。

4-4-7
元代白釉彩绘钵

2014MF74 ① ：55
口径 17.4、底径 7.8、高 11.8 厘米
2014 年吉州窑茅庵岭窑址出土

已修复。方唇，敛口，斜弧腹壁，平底。
口沿和胫部各绘一组宽窄弦纹带，两
组弦纹带之间褐色彩绘散点朵花纹。
外施白釉。灰白胎，胎体厚重。

4-4-8
元代白釉彩绘六方盆

2006 IV T4401 ② ：109

口边长 7、底边长 6、通高 3.4 厘米

2006 年吉州窑永和中心小学窑址出土

可修复。六方形，方唇，直壁，平底，
底边交界处附六乳足。外壁上下各一组
褐色弦纹，间绘褐色折枝卷草纹；外底
面紫红料绘斧头和葫芦纹，寓意福禄绵
绵。外施白釉。外底足露灰白胎。

4-4-9
元代白釉彩绘折枝葵花纹盘

2019MT3123 北②：10

足径 5.6、残高 2 厘米

2019 年吉州窑茅庵岭窑址出土

存下腹和底足部分。内底平坦，圈足，足墙端正。内底一周弦纹内褐色彩绘折枝葵花纹，花朵上方绘两只蝴蝶；胫部绘一组宽窄不一的弦纹；外底足内褐彩书"福"字。白釉，内满釉，外施釉至底足。灰黄色胎。

4-4-10
元代白釉彩绘四方炉

2014MF12 ① ：7

残长 14.3、最宽 11.7 厘米

2014 年吉州窑茅庵岭窑址出土

可修复。四方形，方唇，直壁，平底，外底中心有一未穿的孔洞，底边缘存两乳足。口沿一周褐地白彩连续"S"纹，外壁褐色弦纹内分别绘凤穿花纹、折枝莲荷纹。外施白釉。外底足露灰白胎。

4-4-11
元代白釉彩绘三足筒形炉

2014MF74 ① ： 12

口径 14、高 9 厘米

2014 年吉州窑茅庵岭窑址出土

已修复。方唇，内折沿，筒形腹，直腹壁，下腹壁折内收，圆饼足较矮，底边置三乳足。沿面褐色彩绘一周卷草纹，腹部上下一组宽窄弦纹带之间龟背纹地三葵形开光内褐色彩绘折枝牡丹纹。外施白釉。灰白胎。

4-4-12
元代白釉彩绘三足鼎式炉

2014MF76：41

口径 14.4、通高 23.4 厘米

2014 年、2016 年吉州窑茅庵岭窑址出土

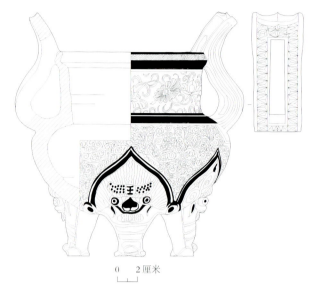

0   2 厘米

已修复。浅盘口，口部向内弧折，束颈，溜肩，
鼓腹，腹壁下部斜弧至底，小平底。肩部和
口部置对称冲天朝冠耳，耳上端呈"山"字
形，器耳边彩绘弦纹，中间填充褐色菱形纹；
腹部下侧贴塑三只虎形足，心形开光内彩绘

虎纹装饰，三足之间各一个心形开光内彩绘
卷草纹。通体彩绘繁密，口部上下两周褐彩
弦纹间绘一周三角形纹，颈部黑地白彩一周
缠枝莲花纹，肩部一周黑褐色宽带弦纹，腹
部密布褐彩缠枝卷草纹。外施白釉。灰胎，
胎体略疏松。

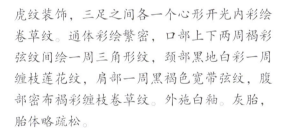

4-4-13
元代白釉彩绘三足炉

2014MF74 ① : 11

口径 19.4、通高 15 厘米

2014 年吉州窑茅庵岭窑址出土

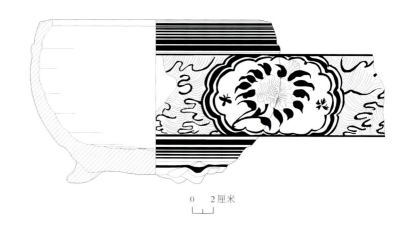

0　　2厘米

已修复。生烧。圆唇，敛口，弧鼓腹，内底平坦，圆饼足外沿设三乳足。外口沿下一周凸棱。外壁上下一组弦纹带间，褐色彩绘波浪纹地三开光内绘折枝山茶花。外施白釉，釉色不显，部分釉面及彩绘剥落。灰红胎，胎体疏松。

4-4-14
元代白釉彩绘蟾蜍形砚滴

2012 IV T2735 ② ： 1

长 7.3、通高 2.7 厘米

2012 年吉州窑尹家岭窑址出土

生烧。整体为三足蟾蜍状，中空，背部
开圆孔，嘴张开为滴口。口、眼、眉、
足均为彩绘，背部珍珠地褐色彩绘四朵
栀子花。外施白釉，釉面玻璃光泽较差。
灰白胎，胎体疏松。

4-4-15
元代白釉彩绘真武大帝

2014MF58 : 1

残高 6.4 厘米

2014 年吉州窑茅庵岭窑址出土

大帝头部和玄龟头部缺失。真武大帝身穿交领道袍端坐于椭圆形底座，双手拢袖置于双腿上，左脚踩玄龟。衣领、袖口、长袍下摆、裙边以及玄龟上部褐色彩绘，长袍前后及袖子彩绘云气纹。通体施白釉。灰白胎。

0　　　　　2厘米

4-5-1
元代青灰釉执壶

2014MF74 ① : 63
口径 4.6、足径 4.2、高 6.3 厘米
2014 年吉州窑茅庵岭窑址出土

流和执柄缺失。方唇，敛口，矮直颈，溜肩，
鼓腹，圆饼足。腹上部置管状流，对应
一侧颈肩处置执柄，肩部置四个横向圆
管状系。青灰釉，内满釉，外施釉至底。
灰胎。

4-5-2

元代青灰釉小瓶

2012DT9 ② : 5

口径 2.1、底径 2.1、高 4.4 厘米

2012 年吉州窑东昌路窑址出土

可修复。侈口，折沿，束颈，斜溜肩，
上腹外鼓，下腹斜直，平底微内凹。
青灰釉，内满釉，外施釉不及底。灰
黄色胎。

4-5-3
元代青灰釉撇口碗

2016MF39 ① ： 45
口径 15、足径 5、高 5.8 厘米
2016 年吉州窑茅庵岭窑址出土

已修复。方唇，撇口，斜弧腹壁，内底窄平，圆饼足。底腹交界处有一周凹弦纹。外腹壁见修坯痕。青灰釉，内满釉，外施釉至足，口部刮釉呈芒口。口沿和外底足露紫红胎。

4-5-4
元代青灰釉侈口碗

2014MF58：7
口径 14.3、足径 6.1、高 6.5 厘米
2014 年吉州窑茅庵岭窑址出土

可修复。圆唇，侈口，斜弧腹壁，圆饼足。青灰釉，釉泛灰色，内满釉，内底刮釉一周呈涩圈，外施釉至底，釉面玻璃光泽较强。灰白胎，胎体致密。

4-5-5
元代青灰釉盏

2016MF82 ① ：9

口径 11.6、足径 4.3、高 4.1 厘米

2016 年吉州窑茅庵岭窑址出土

已修复。圆唇，侈口，斜弧腹壁，内底圆弧，圆饼足。外腹壁见修坯痕。青灰釉，内壁满釉，外壁施釉不及底足。内底和外底足露灰胎。

4-5-6
元代青灰釉荷叶形器盖

2014MF72 ① ：1
子口径 4、盖径 7.4、通高 2 厘米
2014 年吉州窑茅庵岭窑址出土

可修复。盖顶隆弧，顶中间圆凸，盖缘
一侧置一环状系，沿下垂呈花瓣状，内
设子口。盖面压印叶脉纹。盖面施青灰釉。
灰胎，胎体疏松。

4-6-1
元代烛插

2014MF74 ① ： 26

口边长 5、通高 5.5 厘米

2014 年吉州窑茅庵岭窑址出土

两足残。整体呈方斗状，中间有内四
圆孔，底部四角附四足，四面近底处
各有一圆孔。灰胎，泛褐色。

4-7-1
元代黑釉涩圈碗装烧标本

2019MT3223 东④：16

通高 10.5 厘米

2019 年吉州窑茅庵岭窑址出土

六件造型相近、大小基本一致的黑釉碗叠压在一起。圆唇，侈口，弧腹壁，内底宽平，圈足。黑釉，内满釉，外施釉不及底。内底一周涩圈露灰黑胎。底部粘存紫黑色圆形垫饼。

4-7-2
元代黑釉花边盘叠烧标本

2019MT3620 ② ：21

口径 9.4、足径 6 厘米，通高 12 厘米

2019 年吉州窑茅庵岭窑址出土

七件造型相近、大小基本一致的黑釉花
边盘叠压在一起。方唇，花边，折沿，
沿面宽平，浅腹壁，圆饼足。黑釉，内
外施釉不及底，釉泛酱色。灰黑色胎。
外壁粘存匣钵残片。

4-7-3
元代黑釉碟装烧标本

2014MF72 ① ： 33

通高 8.3 厘米

2014 年吉州窑茅庵岭窑址出土

四组叠烧碟粘存在一起。器物仅内底
施釉，口沿及外底露胎。

306

后记

"窑变坯胎器，街存瓦砾墙。"聪明的吉州窑工匠通过匠心技艺让普通的泥土坯胎窑变幻化为神奇之器，创造出独具特色、天下无双的剪纸漏花和木叶纹装饰，使吉州窑成为宋元时期闻名中外的综合性窑场。窑火炙热的吉州窑窑场，不仅让永和镇留存了六街三市和码头遗存，"街存瓦砾墙"，还保存了大量宋元时期的窑炉、作坊以及碎瓷残片，得以让人们从中探寻、发现、领略前人的智慧、技艺、精神。自 2006 年对吉州窑遗址调查以来，项目组就着手准备把相关资料公布报道，然而因各种缘故，总是事与愿违。如今《吉简吉美——吉州窑遗址出土瓷器集萃》即将付梓，算是刊布资料的开端。

本书是近年来吉州窑遗址调查勘探、考古发掘和整理的初步成果，是集体智慧的结晶。本项目开展工作的时间长，跨度大，前后参加调查、发掘以及资料整理的单位和人员众多，包括江西省文物考古研究院张文江、李育远、李兆云、严振洪、胡胜、刘征宇、傅雪如、黄细桃、戴仪辉、何国良、敖阿弟、傅梅花、黄秋兰，吉安县文物局谢小林、罗辉、谢青兰、余大锴、王建平、刘佳，吉安市博物馆王臻、邱雅沛、涂飞，吉州窑陶瓷研究所伍映山、吴声乐、罗军平、周志江，宜春市博物馆袁小平，九江市博物馆熊海清、宋先有，萍乡市博物馆文军，南昌市博物馆彭伟楸，安福县博物馆刘君武、谢轶群，高安市博物馆熊振东，南昌县博物馆龚志平，金溪县博物馆林家琛，兴国革命纪念馆陈镇江，南开大学考古学与博物馆学系师生袁胜文、刘昕、宋美娟、侯孟超、孙怡杰、刘阳、李龙、韩若轩、韩建雷、于陆洋、胡紫薇、夏一博、白杨、史阳阳、王超然、张日月、刘涛、张傲丽、史秋童、郝亚婷、梁霓、段霄霆、徐金鹏、王山峰，厦门大学人文学院历史系考古专业师生刘淼、温观寿、李蜜、郑柳婷、马俊、胡珊、江美琪、张庐春、沈曲、朱克宇，南京大学历史学院硕士研究生夏秋涵，复旦大学文博系硕士研究生彭家宇，中山大学历史系硕士研究生梁锐萍，中国人民大学历史学院师生刘未、廖星、蔡思秋、白芸、尤晓红、刘雪银、徐源等，首都师范大学历史学院硕士研究生马新敏、唐莹，江西师范大学文旅学院文博系硕士研究生刘艳、本科生周林、钟文韬，景德镇陶瓷大学艺术文博学院本科生赵亮亮、丁文豪、谢宙、元佳玲、周伊丹，江西科技师范大学历史文化学院2013级文物与博物馆专业本科生王琛扬、曹凌云等。正是上述人员的辛勤付出，才得以有这个成果。

本书的出版实为不易，感谢国家文物局提供全国重点文物保护专项补助经费，感谢江西省文化和旅游厅（原江西省文化厅）、江西省文物保护处的关心和指导，感谢江西省文物考古研究院历任领导樊昌生、徐长青、柯中华等长期以来对本项目的支持。同时要感谢吉安市文物局、吉安县文广新局、吉州窑古陶瓷研究所的历任领导对本项目的支持，特别要感谢吉安县文物局谢小林局长，不仅提供整理场所，还专门抽调工作人员参与发掘、整理。

本书由项目负责人张文江组织编写，参加编写的人员有张文江、袁胜文、李兆云、王臻、谢小林、吴声乐、王建平、刘佳。器物拍照工作由文物出版社宋朝、张冰承担，器物线图由林海南、傅雪如、李兆云绘制。

囿于编者的能力和水平有限，书中肯定存在不少错误和不足，敬请批评指正。

编者

2020 年 2 月 25 日